U0605481

统计法
一本通

（含统计法实施条例）

法规应用研究中心 编

中国法治出版社
CHINA LEGAL PUBLISHING HOUSE

编辑说明

“法律一本通”系列丛书自2005年出版以来，以其科学的体系、实用的内容，深受广大读者的喜爱。2007年、2011年、2014年、2016年、2018年、2019年、2021年我们对其进行了改版，丰富了其内容，增强了其实用性，博得了广大读者的赞誉。

我们秉承“以法释法”的宗旨，在保持原有的体例之上，今年再次对“法律一本通”系列丛书进行改版，以达到“应办案所需，适学习所用”的目标。新版丛书具有以下特点：

1. 丛书以主体法的条文为序，逐条穿插关联的现行有效的法律、行政法规、部门规章、司法解释、请示答复和部分地方规范性文件，以方便读者理解和适用。

2. 丛书紧扣实践和学习两个主题，在目录上标注了重点法条，并在某些重点法条的相关规定之前，对收录的相关文件进行分类，再按分类归纳核心要点，以便读者最便捷地查找使用。

3. 丛书紧扣法律条文，在主法条的相关规定之后附上案例指引，收录最高人民法院、最高人民检察院指导性案例、公报案例以及相关机构公布的典型案例的裁判摘要、案例要旨或案情摘要等。通过相关案例，可以进一步领会和把握法律条文的适用，从而作为解决实际问题的参考。并对案例指引制作索引目录，方便读者查找。

4. 丛书以脚注的形式，对各类法律文件之间或者同一法律文件不同条文之间的适用关系、重点法条疑难之处进行说明，以便读者系统地理解我国现行各个法律部门的规则体系，从而更好地为教学科研和司法实践服务。

5. 丛书结合二维码技术的应用为广大读者提供增值服务，扫描前勒口二维码，即可免费部分使用中国法治出版社推出的【法融】数据库。【法融】数据库中“国家法律法规”栏目便于读者查阅法律文件准确全文及效力的同时，更有部分法律文件权威英文译本等独家资源分享。“最高法指导案例”和“最高检指导案例”两个栏目提供最高人民法院和最高人民检察院指导性案例的全文，为读者提供更多增值服务。

目 录

中华人民共和国统计法

第一章 总 则

第二章 统计调查管理

第三章　统计资料的管理和公布

第四章　统计机构和统计人员

第五章　监督检查

第六章　法律责任

第七章　附　　则

附 录

案例索引目录

中华人民共和国统计法

（1983年12月8日第六届全国人民代表大会常务委员会第三次会议通过　根据1996年5月15日第八届全国人民代表大会常务委员会第十九次会议《关于修改〈中华人民共和国统计法〉的决定》第一次修正　2009年6月27日第十一届全国人民代表大会常务委员会第九次会议修订　根据2024年9月13日第十四届全国人民代表大会常务委员会第十一次会议《关于修改〈中华人民共和国统计法〉的决定》第二次修正）

目　　录

第一章　总　　则

第一条　立法目的[①]

为了科学、有效地组织统计工作，保障统计资料的真实性、准确性、完整性和及时性，加强统计监督，发挥统计在

① 条文主旨为编者所加，下同。

了解国情国力、服务经济社会高质量发展中的重要作用，推动全面建设社会主义现代化国家，制定本法。

● 行政法规及文件

1. **《统计法实施条例》**[①]（2017年5月28日）

第1条 根据《中华人民共和国统计法》（以下简称统计法），制定本条例。

2. **《海关统计条例》**（2022年3月29日）

第1条 为了科学、有效地开展海关统计工作，保障海关统计的准确性、及时性、完整性，根据《中华人民共和国海关法》和《中华人民共和国统计法》的有关规定，制定本条例。

3. **《全国污染源普查条例》**（2019年3月2日）

第1条 为了科学、有效地组织实施全国污染源普查，保障污染源普查数据的准确性和及时性，根据《中华人民共和国统计法》和《中华人民共和国环境保护法》，制定本条例。

4. **《全国经济普查条例》**（2018年8月11日）

第1条 为了科学、有效地组织实施全国经济普查，保障经济普查数据的准确性和及时性，根据《中华人民共和国统计法》，制定本条例。

5. **《土地调查条例》**（2018年3月19日）

第1条 为了科学、有效地组织实施土地调查，保障土地调查数据的真实性、准确性和及时性，根据《中华人民共和国土地管理法》和《中华人民共和国统计法》，制定本条例。

---

① 本书法律文件使用简称，以下不再标注。本书所示规范性文件的日期为该文件的通过、发布、修订后公布、实施日期。以下不再标注。

6. 《国际收支统计申报办法》（2013 年 11 月 9 日）

第 1 条　为完善国际收支统计，根据《中华人民共和国统计法》，制定本办法。

7. 《全国人口普查条例》（2010 年 5 月 24）

第 1 条　为了科学、有效地组织实施全国人口普查，保障人口普查数据的真实性、准确性、完整性和及时性，根据《中华人民共和国统计法》，制定本条例。

8. 《全国农业普查条例》（2006 年 8 月 23）

第 1 条　为了科学、有效地组织实施全国农业普查，保障农业普查数据的准确性和及时性，根据《中华人民共和国统计法》，制定本条例。

9. 《关于工资总额组成的规定》（1990 年 1 月 1 日）

第 1 条　为了统一工资总额的计算范围，保证国家对工资进行统一的统计核算和会计核算，有利于编制、检查计划和进行工资管理以及正确地反映职工的工资收入，制定本规定。

● 部门规章及文件

10. 《统计严重失信企业信用管理办法》（2022 年 5 月 19 日）

第 1 条　为推进统计领域信用建设，规范统计严重失信企业信用管理，按照党中央、国务院关于推进诚信建设、完善失信约束决策部署，根据《中华人民共和国统计法》《中华人民共和国统计法实施条例》等相关法律法规规定，制定本办法。

11. 《统计执法证管理办法》（2019 年 11 月 14 日）

第 1 条　为保障统计执法工作顺利进行，规范统计执法证的颁发和管理工作，根据《中华人民共和国行政处罚法》《中华人民共和国统计法》《中华人民共和国统计法实施条例》等有关法律法规，制定本办法。

12. **《统计执法监督检查办法》**（2019 年 11 月 14 日）

第 1 条 为了规范统计执法监督检查工作，保护公民、法人和其他组织的合法权益，保障和提高统计数据质量，根据《中华人民共和国统计法》《中华人民共和国行政处罚法》和《中华人民共和国统计法实施条例》等法律、行政法规，制定本办法。

13. **《部门统计调查项目管理办法》**（2017 年 6 月 2 日）

第 1 条 为加强部门统计调查项目的规范性、统一性管理，提高统计调查的科学性和有效性，减轻统计调查对象负担，推进部门统计信息共享，根据《中华人民共和国统计法》及其实施条例和国务院有关规定，制定本办法。

14. **《统计调查证管理办法》**（2017 年 6 月 26 日）

第 1 条 为保障政府统计调查工作顺利进行，规范统计调查证的颁发和管理工作，根据《中华人民共和国统计法》《中华人民共和国统计法实施条例》等法律法规，制定本办法。

15. **《统计违法违纪行为处分规定》**（2009 年 3 月 25 日）

第 1 条 为了加强统计工作，提高统计数据的准确性和及时性，惩处和预防统计违法违纪行为，促进统计法律法规的贯彻实施，根据《中华人民共和国统计法》、《中华人民共和国行政监察法》、《中华人民共和国公务员法》、《行政机关公务员处分条例》及其他有关法律、行政法规，制定本规定。

第二条 适用范围和基本任务

本法适用于各级人民政府、县级以上人民政府统计机构和有关部门组织实施的统计活动。

统计的基本任务是对经济社会发展情况进行统计调查、统计分析，提供统计资料和统计咨询意见，实行统计监督。

行政法规及文件

1. 《统计法实施条例》（2017 年 5 月 28 日）

第 2 条 统计资料能够通过行政记录取得的，不得组织实施调查。通过抽样调查、重点调查能够满足统计需要的，不得组织实施全面调查。

第 5 条 县级以上人民政府统计机构和有关部门不得组织实施营利性统计调查。

国家有计划地推进县级以上人民政府统计机构和有关部门通过向社会购买服务组织实施统计调查和资料开发。

2. 《全国经济普查条例》（2018 年 8 月 11 日）

第 4 条 国家机关、社会团体、企业事业单位、其他组织和个体经营户应当依照《中华人民共和国统计法》和本条例的规定，积极参与并密切配合经济普查工作。

3. 《全国农业普查条例》（2006 年 8 月 23）

第 4 条 国家机关、社会团体以及与农业普查有关的单位和个人，应当依照《中华人民共和国统计法》和本条例的规定，积极参与并密切配合农业普查工作。

第三条 统计工作管理体制

统计工作坚持中国共产党的领导。

国家建立集中统一的统计系统，实行统一领导、分级负责的统计管理体制。

行政法规及文件

1. 《全国人口普查条例》（2010 年 5 月 24）

第 3 条 人口普查工作按照全国统一领导、部门分工协作、地方分级负责、各方共同参与的原则组织实施。

国务院统一领导全国人口普查工作，研究决定人口普查中的重大问题。地方各级人民政府按照国务院的统一规定和要求，领导本行政区域的人口普查工作。

在人口普查工作期间，各级人民政府设立由统计机构和有关部门组成的人口普查机构（以下简称普查机构），负责人口普查的组织实施工作。

村民委员会、居民委员会应当协助所在地人民政府动员和组织社会力量，做好本区域的人口普查工作。

国家机关、社会团体、企业事业单位应当按照《中华人民共和国统计法》和本条例的规定，参与并配合人口普查工作。

● 部门规章及文件

2.《部门统计调查项目管理办法》（2017 年 6 月 2 日）

第 4 条 国家统计局统一组织领导和协调全国统计工作，指导国务院有关部门开展统计调查，统一管理部门统计调查。

第四条 统计工作必要保障

国务院和地方各级人民政府、各有关部门应当加强对统计工作的组织领导，为统计工作提供必要的保障。

● 行政法规及文件

《统计法实施条例》（2017 年 5 月 28 日）

第 34 条 国家机关、企业事业单位和其他组织应当加强统计基础工作，为履行法定的统计资料报送义务提供组织、人员和工作条件保障。

第五条 提高统计科学性和加强信息化建设

国家加强统计科学研究，根据经济社会发展的新情况，健全科学合理的统计标准和统计指标体系，将新经济新领域纳入统计调查范围，并不断改进统计调查方法，提高统计的科学性。

国家有计划地加强统计信息化建设，推动现代信息技术与统计工作深度融合，促进统计信息搜集、处理、传输、共享、存储技术和统计数据库体系的现代化。

行政法规及文件

《统计法实施条例》（2017 年 5 月 28 日）

第 3 条 县级以上人民政府统计机构和有关部门应当加强统计规律研究，健全新兴产业等统计，完善经济、社会、科技、资源和环境统计，推进互联网、大数据、云计算等现代信息技术在统计工作中的应用，满足经济社会发展需要。

第六条 构建统计监督体例

国家构建系统完整、协同高效、约束有力、权威可靠的统计监督体系。

统计机构根据统计调查制度和经批准的计划安排，对各地区、各部门贯彻落实国家重大经济社会政策措施情况、履行统计法定职责情况等进行统计监督。

行政法规及文件

《统计法实施条例》（2017 年 5 月 28 日）

第 20 条 国家统计局应当建立健全统计数据质量监控和评估制度，加强对各省、自治区、直辖市重要统计数据的监控和评估。

第七条 独立行使统计权

统计机构和统计人员依照本法规定独立行使统计调查、统计报告、统计监督的职权，不受侵犯。

地方各级人民政府、县级以上人民政府统计机构和有关部门以及各单位的负责人，不得自行修改统计机构和统计人员依法搜集、整理的统计资料，不得以任何方式要求统计机构、统计人员及其他机构、人员伪造、篡改统计资料，不得明示、暗示下级单位及其人员或者统计调查对象填报虚假统计数据，不得对依法履行职责或者拒绝、抵制统计违法行为的单位和个人打击报复。

● 行政法规及文件

1.《统计法实施条例》（2017 年 5 月 28 日）

第 4 条第 2 款 地方人民政府、县级以上人民政府统计机构和有关部门及其负责人应当保障统计活动依法进行，不得侵犯统计机构、统计人员独立行使统计调查、统计报告、统计监督职权，不得非法干预统计调查对象提供统计资料，不得统计造假、弄虚作假。

2.《全国农业普查条例》（2006 年 8 月 23 日）

第 5 条 普查机构和普查机构工作人员、普查指导员、普查员（以下统称普查人员）依法独立行使调查、报告、监督的职权，任何单位和个人不得干涉。

地方各级人民政府、各部门、各单位及其负责人，不得自行修改普查机构和普查人员依法搜集、整理的人口普查资料，不得以任何方式要求普查机构和普查人员及其他单位和个人伪造、篡改人口普查资料，不得对依法履行职责或者拒绝、抵制人口普查违法行为的普查人员打击报复。

案例指引①

1. 统计人员不应成为打字员

一、基本案情

2020 年 6 月，国家统计局对某规模以上工业企业进行了执法检查。检查发现，该单位统计人员在填写营业收入时未计入其他业务收入的数据。检查人员经询问得知，该统计人员在填写时只询问了单位会计销售收入的数据，会计就只告诉了他主营业务收入的数据。同时，该统计人员填写的 B103 表中的应交增值税、工业总产值等指标均严重失实，原因是统计人员未认真学习统计报表制度，在当地组织的年报培训会上应付学习，对统计指标理解明显有误差。会计人员怎么说，统计人员就怎么记，有时甚至为了通过联网直报平台的逻辑审核而随意填报。

上述行为违反了《中华人民共和国统计法》② 第 7 条的规定，构成提供不真实统计资料违法行为。国家统计局依法给予该企业警告并罚款 20 万元的行政处罚。同时，依照《企业统计信用管理办法》的有关规定，认定该企业为统计严重失信企业并予以公示，其统计违法信息被推送至国家企业信用信息公示系统，由相关部门依法依规实施联合惩戒。

二、案例分析

在日常统计执法检查中发现，有些企业负责人主观上欠缺对统计工作重要性的认识，认为其仅仅是“副业”，负责报送统计报表的人员大多是会计人员或其他临时聘用人员。在填报统计报表时，企业统计人员不愿、不敢向财务、能源等需要领导协调的部门索要数据；有的则以财务会计思维方式理解统计指标。本案例告诉我们，

---

① 《第四期：统计违法典型案例》，载国家统计局网，http：//lwzb. stats. gov. cn/pub/lwzb/fzjs/202012/t20201222_ 5600. html，最后访问日期：2024 年 9 月 14 日。

② 此处的《中华人民共和国统计法》指的是 2009 年修订的内容，2024 年已对此条进行了重新修改，下文不再提示。

做好统计工作需要企业从上到下都要负起责任，企业负责人要正确认识和足够重视统计工作，积极发挥协调作用；统计人员要认真学习统计报表制度，对收集的统计资料审核把关，对填报的统计数据真实性、准确性负责。

2. 企业漏报分公司统计数据

一、基本案情

国家统计局2020年7月对某规模以上工业企业检查发现，其上报的2019年《规模以上工业财务状况》（表号：B103-1表）“本年营业收入”指标，未按制度要求将12家分公司的数据汇总上报。经与企业负责人沟通，发现12家分公司均正在营业，但由于不知晓统计报表制度规定的“法人统计”原则，上报报表时只填写了公司本部的数据。通过调取该企业12家外地分公司的营业执照和2019年相关财务原始资料，计算出该企业2019年营业收入指标的应报数，经与上报数比较，差错额为3.45亿元，差错率达到45.8%。检查还发现，该企业不重视统计工作，由新入职实习生代替企业统计人员参加统计年定报培训会，会后该名实习生并未将培训内容和统计报表制度规定告知企业负责人和统计人员。

该企业漏报12家外地分公司的营业收入数据，违法事实清楚、证据确凿，违反了《中华人民共和国统计法》第7条的规定，构成提供不真实统计资料违法行为。国家统计局依法给予该企业警告并罚款2.6万元的行政处罚。同时，依照《企业统计信用管理办法》的有关规定，认定该企业为统计一般失信企业，其统计违法信息被推送至国家企业信用信息公示系统。

二、案例分析

《中华人民共和国统计法》第7条规定，国家机关、企业事业单位和其他组织以及个体工商户和个人等统计调查对象，必须依照本法和国家有关规定，真实、准确、完整、及时地提供统计调查所需的资料，不得提供不真实或者不完整的统计资料，不得迟报、拒报统计资料。在日常统计执法检查中发现，部分统计调查对象由于不熟悉统计业务、不了解统计口径，在上报统计数据时，容易出现漏报和瞒报的情况。漏报、瞒报与多报、虚报一样，均属于统计违法行为，应当引起统计调查对象的高度重视，认真学习统计报表制度，确保数据报送口径正确。

3. 拒绝违法干预，坚持诚信统计

一、基本案情

某工程建设公司主要经营工程项目管理、工程监理、工程设计等业务，属于当地知名企业，然而2020年上半年，该公司却面临经营难以为继风险。原因是该公司失去了多个上亿元的政府项目竞标资质，且在向银行申请贷款时被告知无法办理。该公司陷入此般境地源自于一次严重统计违法。2019年10月，国家统计局统计执法检查发现，该公司营业收入虚报6872万元，差错率达70%。在执法人员明确告知可能的法律后果情况下，企业统计人员及部门负责人称，统计数据差错为工作人员疏忽导致。

上述行为违反了《中华人民共和国统计法》第7条的规定，构成提供不真实统计资料违法行为。国家统计局依法给予该企业警告并罚款9万元的行政处罚。同时，依照《企业统计信用管理办法》的有关规定，认定该企业为统计严重失信企业，其统计违法信息被推送至国家企业信用信息公示系统，由相关部门依法依规实施联合惩戒。在投标、贷款连连受阻后，该公司意识到统计违法行为的严重后果，并再次向国家统计局进行了申诉，表示虚报统计数据是按照所在地方有关部门要求下实施的，检查时未说明真实情况是没有预料到统计违法后果如此严重，实在追悔莫及。

二、案例分析

统计数据是宏观调控和科学决策的重要依据，源头统计数据质量取决于广大统计调查对象。真实、准确、完整、及时提供统计资料，是统计调查对象的法定义务。独立报送统计数据且不受干预是统计调查对象的法定权利。若有关部门违法干预统计数据，调查对象有权拒绝、抵制，也可以向统计机构和有关部门举报。遵从他人

要求报送虚假数据，即使非企业主观意愿，仍应承担法律责任。

第八条 统计调查对象的法定义务

国家机关、企业事业单位和其他组织以及个体工商户和个人等统计调查对象，必须依照本法和国家有关规定，真实、准确、完整、及时地提供统计调查所需的资料，不得提供不真实或者不完整的统计资料，不得迟报、拒报统计资料。

● 行政法规及文件

1. **《统计法实施条例》**（2017 年 5 月 28 日）

第 4 条第 3 款 统计调查对象应当依照统计法和国家有关规定，真实、准确、完整、及时地提供统计资料，拒绝、抵制弄虚作假等违法行为。

2. **《全国人口普查条例》**（2010 年 5 月 24）

第 4 条 人口普查对象应当按照《中华人民共和国统计法》和本条例的规定，真实、准确、完整、及时地提供人口普查所需的资料。

人口普查对象提供的资料，应当依法予以保密。

第九条 建立健全统计工作责任制

地方各级人民政府、县级以上人民政府统计机构和有关部门应当根据国家有关规定，将防范和惩治统计造假、弄虚作假纳入依法行政、依法履职责任范围，建立健全相关责任制，加强对领导干部统计工作的考核管理，依法对统计造假、弄虚作假行为追究法律责任。

● 行政法规及文件

《统计法实施条例》（2017 年 5 月 28 日）

第 4 条第 1 款 地方人民政府、县级以上人民政府统计机构和有关部门应当根据国家有关规定，明确本单位防范和惩治统计造假、弄虚作假的责任主体，严格执行统计法和本条例的规定。

第十条 统计工作社会监督与表彰奖励

统计工作应当接受社会公众的监督。任何单位和个人有权检举统计中弄虚作假等违法行为。对检举有功的单位和个人应当给予表彰和奖励。

● 法 律

1.《宪法》（2018 年 3 月 11 日）

第 41 条 中华人民共和国公民对于任何国家机关和国家工作人员，有提出批评和建议的权利；对于任何国家机关和国家工作人员的违法失职行为，有向有关国家机关提出申诉、控告或者检举的权利，但是不得捏造或者歪曲事实进行诬告陷害。

对于公民的申诉、控告或者检举，有关国家机关必须查清事实，负责处理。任何人不得压制和打击报复。

由于国家机关和国家工作人员侵犯公民权利而受到损失的人，有依照法律规定取得赔偿的权利。

● 行政法规及文件

2.《统计法实施条例》（2017 年 5 月 28 日）

第 35 条 对在统计工作中做出突出贡献、取得显著成绩的单位和个人，按照国家有关规定给予表彰和奖励。

● 部门规章及文件

3.《部门统计调查项目管理办法》（2017 年 6 月 2 日）

第 39 条　任何单位和个人有权向国家统计局举报部门统计调查违法行为。

国家统计局公布举报统计违法行为的方式和途径，依法受理、核实、处理举报，并为举报人保密。

第十一条　统计工作的保密义务

统计机构和统计人员对在统计工作中知悉的国家秘密、工作秘密、商业秘密、个人隐私和个人信息，应当予以保密，不得泄露或者向他人非法提供。

● 法　律

1.《宪法》（2018 年 3 月 11 日）

第 53 条　中华人民共和国公民必须遵守宪法和法律，保守国家秘密，爱护公共财产，遵守劳动纪律，遵守公共秩序，尊重社会公德。

2.《保守国家秘密法》（2024 年 2 月 27 日）

第 5 条　国家秘密受法律保护。

一切国家机关和武装力量、各政党和各人民团体、企业事业组织和其他社会组织以及公民都有保密的义务。

任何危害国家秘密安全的行为，都必须受到法律追究。

● 行政法规及文件

3.《全国农业普查条例》（2006 年 8 月 23 日）

第 4 条　人口普查对象应当按照《中华人民共和国统计法》和本条例的规定，真实、准确、完整、及时地提供人口普查所需的资料。

人口普查对象提供的资料，应当依法予以保密。

第十二条　不得利用虚假统计资料骗取晋升

任何单位和个人不得利用虚假统计资料骗取荣誉称号、物质利益或者职务职级等晋升。

第二章　统计调查管理

第十三条　统计调查项目分工

统计调查项目包括国家统计调查项目、部门统计调查项目和地方统计调查项目。

国家统计调查项目是指全国性基本情况的统计调查项目。部门统计调查项目是指国务院有关部门的专业性统计调查项目。地方统计调查项目是指县级以上地方人民政府及其部门的地方性统计调查项目。

国家统计调查项目、部门统计调查项目、地方统计调查项目应当明确分工，互相衔接，不得重复。

● 行政法规及文件

1. **《统计法实施条例》**（2017 年 5 月 28 日）

第 6 条　部门统计调查项目、地方统计调查项目的主要内容不得与国家统计调查项目的内容重复、矛盾。

● 部门规章及文件

2. **《部门统计调查项目管理办法》**（2017 年 6 月 2 日）

第 3 条　本办法所称的统计调查项目，是指国务院有关部门通过调查表格、问卷、行政记录、大数据以及其他方式搜集整理统计资料，用于政府管理和公共服务的各类统计调查项目。

第 5 条　国务院有关部门应当明确统一组织协调统计工作的综合机构，负责归口管理、统一申报本部门统计调查项目。

第 7 条　制定部门统计调查项目，应当减少调查频率，缩小调查规模，降低调查成本，减轻基层统计人员和统计调查对象的负担。可以通过行政记录和大数据加工整理获得统计资料的，不得开展统计调查；可以通过已经批准实施的各种统计调查整理获得统计资料的，不得重复开展统计调查；抽样调查、重点调查可以满足需要的，不得开展全面统计调查。

第十四条　统计调查项目制定

国家统计调查项目由国家统计局制定，或者由国家统计局和国务院有关部门共同制定，报国务院备案；重大的国家统计调查项目报国务院审批。

部门统计调查项目由国务院有关部门制定。统计调查对象属于本部门管辖系统的，报国家统计局备案；统计调查对象超出本部门管辖系统的，报国家统计局审批。

地方统计调查项目由县级以上地方人民政府统计机构和有关部门分别制定或者共同制定。其中，由省级人民政府统计机构单独制定或者和有关部门共同制定的，报国家统计局审批；由省级以下人民政府统计机构单独制定或者和有关部门共同制定的，报省级人民政府统计机构审批；由县级以上地方人民政府有关部门制定的，报本级人民政府统计机构审批。

● 行政法规及文件

1. **《统计法实施条例》**（2017 年 5 月 28 日）

第 13 条　统计调查项目经批准或者备案的，审批机关或者备案机关应当及时公布统计调查项目及其统计调查制度的主要内容。涉及国家秘密的统计调查项目除外。

部门规章及文件

2.《部门统计调查项目管理办法》（2017 年 6 月 2 日）

第 13 条 部门统计调查项目涉及其他部门职责的，应当事先征求相关部门意见。

第 14 条 国务院有关部门制定的统计调查项目，统计调查对象属于本部门管辖系统或者利用行政记录加工获取统计资料的，报国家统计局备案；统计调查对象超出本部门管辖系统的，报国家统计局审批。

部门管辖系统包括本部门直属机构、派出机构和垂直管理的机构，省及省以下与部门对口设立的管理机构。

第 15 条 部门统计调查项目审批或者备案包括申报、受理、审查、反馈、决定等程序。

第 16 条 部门统计调查项目送审或者备案时，应当通过部门统计调查项目管理平台提交下列材料：

（一）申请审批项目的部门公文或者申请备案项目的部门办公厅（室）公文；

（二）部门统计调查项目审批或者备案申请表；

（三）统计调查制度；

（四）统计调查项目的论证报告、背景材料、经费保障等，修订的统计调查项目还应当提供修订说明；

（五）征求有关地方、部门、统计调查对象和专家意见及其采纳情况；

（六）制定机关按照会议制度集体讨论决定的会议纪要；

（七）重要统计调查项目的试点报告；

（八）由审批机关或者备案机关公布的统计调查制度的主要内容；

（九）防范和惩治统计造假、弄虚作假责任规定。

前款第（一）项的公文应当同时提交纸质文件。

第 17 条 申请材料齐全并符合法定形式的，国家统计局予以受理。

申请材料不齐全或者不符合法定形式的，国家统计局应当一次告知需要补正的全部内容，制定机关应当按照国家统计局的要求予以补正。

第 18 条 统计调查制度应当列明下列事项：

（一）向国家统计局报送的制定机关组织实施统计调查取得的具体统计资料清单；

（二）主要统计指标公布的时间、渠道；

（三）统计信息共享的内容、方式、时限、渠道、责任单位和责任人；

（四）向统计信息共享数据库提供的统计资料清单；

（五）统计调查对象使用国家基本单位名录库或者部门基本单位名录库的情况。

第 19 条 国家统计局对申请审批的部门统计调查项目进行审查，符合下列条件的部门统计调查项目，作出予以批准的书面决定：

（一）具有法定依据或者确为部门公共管理和服务所必需；

（二）与现有的国家统计调查项目和部门统计调查项目的主要内容不重复、不矛盾；

（三）主要统计指标无法通过本部门的行政记录或者已有统计调查资料加工整理取得；

（四）部门统计调查制度科学、合理、可行，并且符合本办法第八条、第九条和第十八条规定；

（五）采用的统计标准符合国家有关规定；

（六）符合统计法律法规和国家有关规定。

不符合前款规定的，国家统计局向制定机关提出修改意见；修改后仍不符合前款规定条件的，国家统计局作出不予批准的书面决定，并说明理由。

第 20 条　国家统计局对申请备案的部门统计调查项目进行审查，符合下列条件的部门统计调查项目，作出同意备案的书面决定：

（一）统计调查项目的调查对象属于制定机关管辖系统，或者利用行政记录加工获取统计资料；

（二）与现有的国家统计调查项目和部门统计调查项目的主要内容不重复、不矛盾；

（三）部门统计调查制度科学、合理、可行，并且符合本办法第八条、第九条和第十八条规定。

第 21 条　国家统计局在收到制定机关申请公文及完整的相关资料后，在 20 个工作日内完成审批，20 个工作日内不能作出决定的，经审批机关负责人批准可以延长 10 日，并应当将延长审批期限的理由告知制定机关；在 10 个工作日内完成备案。完成时间以复函日期为准。

制定机关修改统计调查项目的时间，不计算在审批期限内。

第 22 条　部门统计调查项目有下列情形之一的，国家统计局简化审批或者备案程序，缩短期限：

（一）发生突发事件，需要迅速实施统计调查；

（二）统计调查内容未做变动，统计调查项目有效期届满需要延长期限。

第 23 条　部门统计调查项目实行有效期管理。审批的统计调查项目有效期为 3 年，备案的统计调查项目有效期为 5 年。统计调查制度对有效期规定少于 3 年的，从其规定。有效期以批准执行或者同意备案的日期为起始时间。

统计调查项目在有效期内需要变更内容的，制定机关应当重新申请审批或者备案。

第 24 条 部门统计调查项目经国家统计局批准或者备案后，应当在统计调查表的右上角标明表号、制定机关、批准机关或者备案机关、批准文号或者备案文号、有效期限等标志。

第 25 条 制定机关收到批准或者备案的书面决定后，在 10 个工作日内将标注批准文号或者备案文号和有效期限的统计调查制度发送到部门统计调查项目管理平台。

第 26 条 国家统计局及时通过国家统计局网站公布批准或者备案的部门统计调查项目名称、制定机关、批准文号或者备案文号、有效期限和统计调查制度的主要内容。

第 30 条 国务院有关部门组织实施统计调查应当遵守国家有关统计资料管理和公布的规定。

第十五条 统计调查项目公布

统计调查项目的审批机关应当对调查项目的必要性、可行性、科学性进行审查，对符合法定条件的，作出予以批准的书面决定，并公布；对不符合法定条件的，作出不予批准的书面决定，并说明理由。

● 行政法规及文件

《统计法实施条例》（2017 年 5 月 28 日）

第 7 条 统计调查项目的制定机关（以下简称制定机关）应当就项目的必要性、可行性、科学性进行论证，征求有关地方、部门、统计调查对象和专家的意见，并由制定机关按照会议制度集体讨论决定。

重要统计调查项目应当进行试点。

第 9 条 统计调查项目符合下列条件的，审批机关应当作出予以批准的书面决定：

（一）具有法定依据或者确为公共管理和服务所必需；

（二）与已批准或者备案的统计调查项目的主要内容不重复、不矛盾；

（三）主要统计指标无法通过行政记录或者已有统计调查资料加工整理取得；

（四）统计调查制度符合统计法律法规规定，科学、合理、可行；

（五）采用的统计标准符合国家有关规定；

（六）制定机关具备项目执行能力。

不符合前款规定条件的，审批机关应当向制定机关提出修改意见；修改后仍不符合前款规定条件的，审批机关应当作出不予批准的书面决定并说明理由。

第19条 县级以上人民政府统计机构、有关部门和乡、镇统计人员，应当对统计调查对象提供的统计资料进行审核。统计资料不完整或者存在明显错误的，应当由统计调查对象依法予以补充或者改正。

第十六条 统计调查制度规定

制定统计调查项目，应当同时制定该项目的统计调查制度，并依照本法第十四条的规定一并报经审批或者备案。

统计调查制度应当对调查目的、调查内容、调查方法、调查对象、调查组织方式、调查表式、统计资料的报送和公布等作出规定。

统计调查应当按照统计调查制度组织实施。变更统计调查制度的内容，应当报经原审批机关批准或者原备案机关备案。

● 行政法规及文件

1. **《统计法实施条例》**（2017年5月28日）

第8条 制定机关申请审批统计调查项目，应当以公文形式向审批机关提交统计调查项目审批申请表、项目的统计调查制度和工作经费来源说明。

申请材料不齐全或者不符合法定形式的，审批机关应当一次性告知需要补正的全部内容，制定机关应当按照审批机关的要求予以补正。

申请材料齐全、符合法定形式的，审批机关应当受理。

第12条 制定机关申请备案统计调查项目，应当以公文形式向备案机关提交统计调查项目备案申请表和项目的统计调查制度。

统计调查项目的调查对象属于制定机关管辖系统，且主要内容与已批准、备案的统计调查项目不重复、不矛盾的，备案机关应当依法给予备案文号。

● 部门规章及文件

2. **《部门统计调查项目管理办法》**（2017年6月2日）

第9条 制定部门统计调查项目，应当同时制定该项目的统计调查制度。

统计调查制度内容包括总说明、报表目录、调查表式、分类目录、指标解释、指标间逻辑关系，采用抽样调查方法的还应当包括抽样方案。

统计调查制度总说明应当对调查目的、调查对象、统计范围、调查内容、调查频率、调查时间、调查方法、组织实施方式、质量控制、报送要求、信息共享、资料公布等作出规定。

面向单位的部门统计调查，其统计调查对象应当取自国家基本单位名录库或者部门基本单位名录库。

第 12 条 新制定的部门统计调查项目或者对现行统计调查项目进行较大修订的，应当开展试填试报等工作。其中，重要统计调查项目应当进行试点。

第十七条 统计调查表

统计调查表应当标明表号、制定机关、批准或者备案文号、有效期限等标志。

对未标明前款规定的标志或者超过有效期限的统计调查表，统计调查对象有权拒绝填报；县级以上人民政府统计机构应当依法责令停止有关统计调查活动。

● 司法解释及文件

1. 最高人民法院关于修订部分司法统计报表及相关事项的通知①

司法统计报表是搜集司法统计数据的重要手段，是展现审判执行工作信息的重要载体，是发挥司法统计职能作用的重要平台。一直以来，现行的司法统计报表在数据搜集、信息展示、决策辅助等方面均发挥了重要作用，但随着民事案由的修订、新国家赔偿法的颁布实施、执行工作的实际需要，民事报表、赔偿报表、执行报表存在着许多与现行审判执行工作不相适应的地方。为使司法统计数据切实符合审判执行工作发展变化的实际，最高人民法院决定修订部分司法统计报表。同时，由于纪检统计软件即将到期，最高人民法院将配发新的纪检统计软件。现将各有关事项通知如下：

---

① 《最高人民法院关于修订部分司法统计报表及相干事项的通知》，载中华人民共和国最高人民法院网，https://www.court.gov.cn/shenpan/xiangqing/2621.html，最后访问日期：2024 年 11 月 3 日。

1. 本次修订的司法统计报表共有七份，包括民事一审、二审、再审、特殊程序统计表，执行案件统计表，司法赔偿案件统计表（具体样式及填表说明附后），其他司法统计报表不变。

2. 为方便各级人民法院填报修订后的司法统计报表，最高人民法院研究开发了相应的司法统计报表填报程序，拟于 2011 年 3 月初（具体事宜另行通知）对修订的司法统计报表的填报及相应程序的使用进行培训，请各高级人民法院做好准备。

3. 2011 年 3 月份，全国法院将试填报、运行修订后的司法统计报表及程序，同时原报表与原程序并行使用。自 2011 年 4 月份起，全国法院将正式填报修订后的司法统计报表，原“法综 10 表—法综 23 表”、“法综 29 表”和“法综 30 表”停止填报。需要强调的是，各海事法院对涉海事的特殊程序案件仍填报“法综 24 表”，不得填报在修订后的“特殊程序案件统计表”中。各高级人民法院要将海事法院“法综 24 表”【总计】行数据，填报至修订后的“特殊程序案件统计表”【适用特殊程序案由】行中，不要漏报这一部分数据。

4. 对于 2011 年 1 月和 2 月涉及修订报表的司法统计数据，各级人民法院需按照新报表样式，以大类统计的方式（培训时将具体说明）进行补报，并于 2011 年 6 月底前完成。

5. 纪检统计报表样式及填报方式不变，新的纪检统计程序将随修订报表的程序一并下发。

6. 请各高级人民法院于 2011 年 2 月 25 日前报送本辖区各中级、基层人民法院的全称、简称清单，并附电子版，如掌握各级人民法院的三位简码，请一并报送。

附件内容略

● 部门规章及文件

2. 关于印发2023年度中央部门管理企业国有资产统计报表的通知等①

为做好全国企业国有资产统计工作，掌握国有资产布局结构与运营绩效，根据《中华人民共和国企业国有资产法》、《企业国有资产统计报告办法》（国务院国资委令第4号）及国家有关财务会计制度规定，国务院国资委研究制定了《2023年度企业国有资产统计报表》及编制说明，现印发给你们，并将有关事项通知如下：

1. 国有资产统计工作是贯彻《关于深化国有企业改革的指导意见》（中发〔2015〕22号）关于经营性国有资产统一监管等要求的重要基础，也是落实《中共中央关于建立国务院向全国人大常委会报告国有资产管理情况制度的意见》（中发〔2017〕33号）关于企业国有资产（不含金融企业）综合报告和专项报告的重要数据来源。各中央部门要高度重视国有资产统计工作，加强组织领导，落实工作责任，完善工作流程，统一工作标准，准确界定统计范围，认真分析填报统计类指标，提升数据填报质量。

2. 《2023年度企业国有资产统计报表》遵循《企业会计准则》规定的会计报表格式，由各中央部门直接管理的国有独资企业、国有全资企业、国有控股企业，及其所属各级子企业填报。中央部门管理的集团型企业应当按照统一的会计政策，遵循企业会计准则，编制集团合并报表，其中：集团企业所属金融子企业直接填报本套报表；集团企业所属事业单位在做好会计科目分类及财务报表转换工作的基础上，按规定填报；集团企业所属境外

---

① 《关于印发2023年度中央部门管理企业国有资产统计报表的通知》，载国务院国有资产监督管理委员会网，http://www.sasac.gov.cn/n2588035/c30088631/content.html》，最后访问日期：2024年11月3日。

子企业和境外机构，按照境内会计准则、会计年度及母公司会计政策进行调整后填报。

3. 各中央部门管理企业国有资产统计报表应于 2024 年 5 月 10 日前报送国务院国资委。具体报送内容及要求：（一）2023 年度本部门企业国有资产统计汇总报表、编制说明、汇编范围企业户数变动情况分析，依次装订成册，并加盖本单位公章。（二）2023 年度本部门汇总报表、所属一级企业合并报表及各级子企业分户报表电子文档。

4. 为便于各部门和企业填报，本套报表的数据处理软件（另行发送）加挂了与财政部《2023 年度企业财务会计决算报表》数据提取和自动生成功能，供参考使用。各部门在报表编制和报送过程中，如有问题，请及时与国务院国资委（财务监管与运行评价局）联系。

附件内容略

第十八条　搜集、整理统计资料要求

搜集、整理统计资料，应当以周期性普查为基础，以经常性抽样调查为主体，综合运用全面调查、重点调查等方法，并充分利用行政记录、社会大数据等资料。

重大国情国力普查由国务院统一领导，国务院和地方人民政府组织统计机构和有关部门共同实施。

第十九条　国家统计标准制定

国家制定统一的统计标准，保障统计调查采用的指标涵义、计算方法、分类目录、调查表式和统计编码等的标准化。

国家统计标准由国家统计局制定，或者由国家统计局和国务院标准化主管部门共同制定。

国务院有关部门可以制定补充性的部门统计标准，报国家统计局审批。部门统计标准不得与国家统计标准相抵触。

● 部门规章及文件

《部门统计调查项目管理办法》（2017年6月2日）

第10条 部门统计调查应当规范设置统计指标、调查表，指标解释和计算方法应当科学合理。

第11条 部门统计调查应当使用国家统计标准。无国家统计标准的，可以使用经国家统计局批准的部门统计标准。

第二十条 实施统一核算

国家实施统一的国民经济核算制度。

国家统计局统一组织和实施地区生产总值核算工作。

第二十一条 推广计算机网络报送统计资料

县级以上人民政府统计机构根据统计任务的需要，可以在统计调查对象中推广使用计算机网络报送统计资料。

● 行政法规及文件

《统计法实施条例》（2017年5月28日）

第18条 县级以上人民政府统计机构、有关部门推广使用网络报送统计资料，应当采取有效的网络安全保障措施。

第二十二条 将统计工作经费纳入财政预算

县级以上人民政府应当将统计工作所需经费列入财政预算。

重大国情国力普查所需经费，由国务院和地方人民政府共同负担，列入相应年度的财政预算，按时拨付，确保到位。

● 部门规章及文件

《部门统计调查项目管理办法》（2017 年 6 月 2 日）

第 8 条 制定部门统计调查项目，应当有组织、人员和经费保障。

第三章 统计资料的管理和公布

第二十三条 统计资料管理与信息共享机制

县级以上人民政府统计机构和有关部门以及乡、镇人民政府，应当按照国家有关规定建立统计资料的保存、管理制度。

县级以上人民政府统计机构和有关部门建立健全统计信息共享机制，明确统计信息的共享范围、标准和程序。

● 行政法规及文件

1.《统计法实施条例》（2017 年 5 月 28 日）

第 21 条 县级以上人民政府统计机构、有关部门和乡、镇人民政府应当妥善保管统计调查中取得的统计资料。

国家建立统计资料灾难备份系统。

第 22 条 统计调查中取得的统计调查对象的原始资料，应当至少保存 2 年。

汇总性统计资料应当至少保存 10 年，重要的汇总性统计资料应当永久保存。法律法规另有规定的，从其规定。

第 23 条 统计调查对象按照国家有关规定设置的原始记录和统计台账，应当至少保存 2 年。

第 31 条 国家建立健全统计信息共享机制，实现县级以上人民政府统计机构和有关部门统计调查取得的资料共享。制定机关共同制定的统计调查项目，可以共同使用获取的统计资料。

统计调查制度应当对统计信息共享的内容、方式、时限、渠道和责任等作出规定。

部门规章及文件

2.《部门统计调查项目管理办法》（2017 年 6 月 2 日）

第 37 条 国家统计局推动建立统计信息共享数据库，为国务院有关部门提供部门统计数据查询服务。

第二十四条 对统计调查对象管理制度

国家机关、企业事业单位和其他组织等统计调查对象，应当按照国家有关规定设置原始记录、统计台账，推动统计台账电子化、数字化、标准化，建立健全统计资料的审核、签署、报送、归档等管理制度。

统计资料的审核、签署人员应当对其审核、签署的统计资料的真实性、准确性和完整性负责。

第二十五条 提供统计调查资料的规定

县级以上人民政府有关部门应当及时向本级人民政府统计机构提供统计所需的行政记录资料和国民经济核算所需的财务资料、财政资料及其他资料，并按照统计调查制度的规定及时向本级人民政府统计机构报送其组织实施统计调查取得的有关资料。

县级以上人民政府统计机构应当及时向本级人民政府有关部门提供有关统计资料。

第二十六条 统计资料定期公布

县级以上人民政府统计机构按照国家有关规定，定期公布统计资料。

国家统计数据以国家统计局公布的数据为准。

● 行政法规及文件

《统计法实施条例》（2017 年 5 月 28 日）

第 24 条 国家统计局统计调查取得的全国性统计数据和分省、自治区、直辖市统计数据，由国家统计局公布或者由国家统计局授权其派出的调查机构或者省级人民政府统计机构公布。

第 25 条 国务院有关部门统计调查取得的统计数据，由国务院有关部门按照国家有关规定和已批准或者备案的统计调查制度公布。

县级以上地方人民政府有关部门公布其统计调查取得的统计数据，比照前款规定执行。

第 26 条 已公布的统计数据按照国家有关规定需要进行修订的，县级以上人民政府统计机构和有关部门应当及时公布修订后的数据，并就修订依据和情况作出说明。

第 27 条 县级以上人民政府统计机构和有关部门应当及时公布主要统计指标涵义、调查范围、调查方法、计算方法、抽样调查样本量等信息，对统计数据进行解释说明。

第 28 条 公布统计资料应当按照国家有关规定进行。公布前，任何单位和个人不得违反国家有关规定对外提供，不得利用尚未公布的统计资料谋取不正当利益。

第二十七条 按国家规定公布统计资料

县级以上人民政府有关部门统计调查取得的统计资料，由本部门按照国家有关规定公布。

第二十八条　获取统计资料不得用于统计以外

统计调查中获得的能够识别或者推断单个统计调查对象身份的资料，任何单位和个人不得对外提供、泄露，不得用于统计以外的目的。

● **行政法规及文件**

《统计法实施条例》（2017 年 5 月 28 日）

第 30 条　统计调查中获得的能够识别或者推断单个统计调查对象身份的资料应当依法严格管理，除作为统计执法依据外，不得直接作为对统计调查对象实施行政许可、行政处罚等具体行政行为的依据，不得用于完成统计任务以外的目的。

第二十九条　除保密外统计资料应公开

县级以上人民政府统计机构和有关部门统计调查取得的统计资料，除依法应当保密的外，应当及时公开，供社会公众查询。

第四章　统计机构和统计人员

第三十条　国家统计局任务

国务院设立国家统计局，依法组织领导和协调全国的统计工作。

国家统计局根据工作需要设立的派出调查机构，承担国家统计局布置的统计调查等任务。

县级以上地方人民政府设立独立的统计机构，乡、镇人民政府设置统计工作岗位，配备专职或者兼职统计人员，依法管理、开展统计工作，实施统计调查。

● 行政法规及文件

《统计法实施条例》（2017 年 5 月 28 日）

第 33 条 县级以上人民政府统计机构和有关部门应当完成国家统计调查任务，执行国家统计调查项目的统计调查制度，组织实施本地方、本部门的统计调查活动。

第三十一条 统计机构设定

县级以上人民政府有关部门根据统计任务的需要设立统计机构，或者在有关机构中设置统计人员，并指定统计负责人，依法组织、管理本部门职责范围内的统计工作，实施统计调查，在统计业务上受本级人民政府统计机构的指导。

● 行政法规及文件

《统计法实施条例》（2017 年 5 月 28 日）

第 32 条 县级以上地方人民政府统计机构受本级人民政府和上级人民政府统计机构的双重领导，在统计业务上以上级人民政府统计机构的领导为主。

乡、镇人民政府应当设置统计工作岗位，配备专职或者兼职统计人员，履行统计职责，在统计业务上受上级人民政府统计机构领导。乡、镇统计人员的调动，应当征得县级人民政府统计机构的同意。

县级以上人民政府有关部门在统计业务上受本级人民政府统计机构指导。

第三十二条 统计机构与统计人员职责

统计机构、统计人员应当依法履行职责，如实搜集、报送统计资料，不得伪造、篡改统计资料，不得以任何方式要求任何单位和个人提供不真实的统计资料，不得有其他违反本法规定的行为。

统计人员应当坚持实事求是，恪守职业道德，对其负责搜集、审核、录入的统计资料与统计调查对象报送的统计资料的一致性负责。

案例指引

国家统计局关于5起典型统计违法案件的通报①

近两年来，国家统计局持续加大对统计造假、弄虚作假的防范和惩治力度，查处了一批统计违法案件。现将国家统计局执法检查的5起典型案件予以通报：

一、天津市滨海新区临港经济区案件

2018年1月统计执法检查发现，临港经济区有关专业统计数据严重失实。根据有关线索调查发现6家规模以上工业企业虚报统计数据，违法数额占应报数额比例特别高。临港经济区工作人员编造并代填代报企业统计数据，指令报送、要求打捆重复报送、要求停产不达规企业继续虚报统计数据，严重干扰企业独立报送。

二、内蒙古自治区通辽市开鲁县案件

2017年11月统计执法检查发现，开鲁县有关专业统计数据严重失实。根据有关线索调查发现20家规模以上工业企业、11家限额以上批发和零售业企业、3家规模以上服务业企业虚报统计数据，部分企业违法数额占应报数额比例特别高。开鲁县基本单位名录库管理混乱，异常经营企业仍虚报数据；有关部门干预规模以上工业企业入库申报工作，以入库奖励等方式诱导企业违规入库，违法代填代报、指令报送、违规篡改企业统计数据。开鲁县党政领导、相关部门领导对存在的代填代报、指令报送和规上工业统计数据虚假等问题均知情，

---

① 《国家统计局关于5起典型统计违法案件的通报》，载国家统计局网，https://www.stats.gov.cn/fw/bgthyb/202302/t20230215_1904782.html，最后访问时间：2024年9月14日。

却没有采取有效措施制止和纠正。

三、辽宁省铁岭市西丰县案件

2017 年 3 月统计执法检查发现，西丰县有关专业统计数据严重失实。根据有关线索调查发现 24 家规模以上工业企业虚报统计数据，部分企业违法数额占应报数额比例特别高。西丰县有关部门和乡镇代填代报、指令报送统计数据，严重干扰企业独立报送。

四、山东省潍坊市高密市案件

2017 年 7—8 月统计执法检查发现，高密市有关专业统计数据及名录库严重失实。根据有关线索调查发现 27 家规模以上工业企业、21 家限额以上批发零售业企业虚报统计数据；调查发现 18 家工业企业、6 家批发业企业、11 家零售业企业 2016 年年报主营业务收入未达规模以上或限额以上标准，但仍在联网直报平台报送 2017 年统计数据。高密市有关街道自行编造并上报企业统计数据，在规模以上工业企业入库材料上弄虚作假，有关部门及街道乡镇抵制、阻碍统计执法检查。

五、宁夏回族自治区银川市灵武市案件

2018 年 3 月统计执法检查发现，灵武市有关专业统计数据严重失实。根据有关线索立案调查发现 20 个固定资产投资项目虚报，15 家规模以上工业企业提供不真实统计资料，且情节严重。在立案调查外，还根据有关线索核查发现 26 个固定资产投资项目和 10 家规模以上工业企业虚报统计数据，其中部分企业违法数额占应报数额比例特别高。灵武市有关部门非法干预项目单位独立真实报送统计数据，指令企业报送虚假统计数据。抵制、拒绝、阻碍统计执法检查问题突出。地方党政领导以及相关部门领导对统计造假、弄虚作假严重失察。部分企业、单位涉嫌利用虚假统计数据骗取物质利益。

对以上 5 起统计违法案件，国家统计局已提出有关责任单位和责任人的处分处理建议，并移送有关地方党委、政府依法依规进行严肃处理，处分处理结果将适时向社会公开。

真实准确是统计工作的生命。国家统计局将坚持无禁区、零容忍、全覆盖，坚持重遏制、强高压、长震慑，坚定不移防范和惩治统计造假、弄虚作假。对于重大统计违法案件，做到发现一起，查处一起，加大曝光力度，推动各地严格依纪依法追究统计违纪违法责任人责任。各地要从以上统计违法案件中认真吸取教训，引以为戒，高度敬畏和严格遵守统计法律法规，坚决贯彻执行国家各项统计政令，严格执行国家统计制度和行为规范。各地方、部门和单位负责人，要严格遵守统计法，不得自行修改统计机构、统计人员依法搜集整理的统计资料，不得以任何方式要求任何机构和人员伪造、篡改统计资料。统计机构、统计人员要做依法依规统计的表率，绝不能知法犯法，不得以任何理由编造虚假统计资料，不得以任何方式要求任何单位和个人提供不真实的统计资料。独立真实上报统计数据，是统计调查对象的权利和法定义务。广大企业、单位要严格执行统计法律法规，依法独立真实报送统计资料，切实维护自身合法权利，认真履行法定义务，自觉抵制对企业独立真实上报统计数据的干扰。

第三十三条 统计人员进行调查应出示工作证件

统计人员进行统计调查时，有权就与统计有关的问题询问有关人员，要求其如实提供有关情况、资料并改正不真实、不准确的资料。

统计人员进行统计调查时，应当出示县级以上人民政府统计机构或者有关部门颁发的工作证件；未出示的，统计调查对象有权拒绝调查。

● 行政法规及文件

1. **《统计法实施条例》**（2017 年 5 月 28 日）

第 16 条 统计机构、统计人员组织实施统计调查，应当就统计调查对象的法定填报义务、主要指标涵义和有关填报要求等，向统计调查对象作出说明。

第17条 国家机关、企业事业单位或者其他组织等统计调查对象提供统计资料，应当由填报人员和单位负责人签字，并加盖公章。个人作为统计调查对象提供统计资料，应当由本人签字。统计调查制度规定不需要签字、加盖公章的除外。

统计调查对象使用网络提供统计资料的，按照国家有关规定执行。

2.《**统计调查证管理办法**》（2017年6月26日）

第2条 统计调查证是统计调查人员依法执行政府统计调查任务时证明其身份的有效证件。统计调查人员依法进行政府统计调查活动时，应当主动向统计调查对象出示统计调查证。

县级以上人民政府统计机构工作人员也可以持本单位颁发的工作证执行政府统计调查任务。

全国性普查的普查员和普查指导员，持普查员证或者普查指导员证依法执行普查任务。

第3条 统计调查证由国家统计局统一格式，省级人民政府统计机构、国家统计局调查总队印制，县级以上地方人民政府统计机构、国家统计局各级调查队颁发。

省级人民政府统计机构、国家统计局调查总队依照本办法建立统计调查证核发和管理制度。

第4条 统计调查证可以颁发给下列人员：

（一）县级以上人民政府统计机构工作人员中，直接执行政府统计调查任务的调查人员；

（二）县级以上人民政府统计机构聘用的调查人员。

第5条 取得统计调查证的人员应当经过专业培训，具备相关的统计知识和调查技能。

第6条 取得统计调查证，应当由本人填写登记表，经本人所在单位或者聘用单位审查，报省级人民政府统计机构或者国家统计局调查总队核准后，由本人所在单位或者聘用单位颁发。

第 7 条　统计调查证应当标明下列内容：

（一）持证人姓名、性别、出生年月；

（二）持证人照片；

（三）持证人所在单位或者聘用单位名称；

（四）发证机关、证件编号；

（五）发证日期、有效期限。

第 8 条　持证人员的职责是：

（一）宣传、执行统计法律、法规、规章和统计调查制度；

（二）依法开展统计调查，如实搜集、报送统计资料；

（三）要求有关统计调查对象依法真实、准确、完整、及时提供统计资料；

（四）对其负责搜集、审核、录入的统计资料与统计调查对象报送的统计资料的一致性负责，依法要求统计调查对象改正不真实、不准确、不完整的统计资料。

持证人员对在政府统计调查中知悉的统计调查资料负有保密义务。

第 9 条　发证机关应当加强对持证人员的管理。

持证人员不再从事政府统计调查活动或者统计调查证有效期届满的，由发证机关收回统计调查证。

第 10 条　持证人员应当妥善保管统计调查证，不得涂改、转借、故意毁损统计调查证，不得使用统计调查证进行与政府统计调查无关的活动。

第 13 条　对县级以上人民政府统计机构聘用的执行一次性统计调查任务的调查人员，可以颁发临时统计调查证。

临时统计调查证的颁发、管理由省级人民政府统计机构、国家统计局调查总队规定。

第 14 条　省级人民政府统计机构、国家统计局调查总队应当根据本办法制定本地区、本系统统计调查证管理实施办法。

第三十四条 统计人员专业能力要求

国家实行统计专业技术职务资格考试、评聘制度，提高统计人员的专业素质，保障统计队伍的稳定性。

统计人员应当具备与其从事的统计工作相适应的专业知识和业务能力。

县级以上人民政府统计机构和有关部门应当加强对统计人员的专业培训和职业道德教育。

● 行政法规及文件

1. **《统计法实施条例》**（2017 年 5 月 28 日）

第 36 条 县级以上人民政府统计机构从事统计执法工作的人员，应当具备必要的法律知识和统计业务知识，参加统计执法培训，并取得由国家统计局统一印制的统计执法证。

● 部门规章及文件

2. **《统计执法证管理办法》**（2019 年 11 月 14 日）

第 14 条 国家统计局负责组织编制全国统计执法人员培训规划，制定培训大纲。

省级以上统计机构按照培训规划，组织开展统计执法人员岗位培训。

第 15 条 统计执法岗位培训分为资格培训和在岗培训，培训内容包括统计法律法规规章、相关行政法律法规、政策理论、统计专业知识、现场执法实务、党纪党规和工作制度等。

第 16 条 统计执法岗位培训师资应当是国家统计局、省级统计机构、国家统计局执法骨干人才库中的统计法治工作者、统计业务骨干，法律专家，具有丰富执法经验、熟练执法技能的人员。

第 17 条　国家统计局统计执法监督局负责制定统计执法人员资格考试大纲，建立考试题库。

省级以上统计机构按照考试大纲，负责组织本地区、本系统统计执法人员依据国家统计局统计执法监督局提供的试题进行资格考试，实行统一命题、统一制卷、统一阅卷。

第 18 条　统计执法人员资格考试包括法律基础知识、统计法律法规、相关法律法规、统计执法专业知识和其他相关知识。

第 19 条　省级以上统计机构应当严格按照国家统计局的规定，组织实施资格考试，确保参考人员严格遵守考场纪律。

第 20 条　省级以上统计机构应当免费组织开展统计执法人员岗位培训和资格考试。

3.《统计调查证管理办法》（2017 年 6 月 26 日）

第 11 条　持证人员有下列情况之一的，由县级以上人民政府统计机构予以批评教育，并可以收缴统计调查证。情节较重，属于国家工作人员的，依纪依法给予处分；不属于国家工作人员的，解除聘用合同。构成违反治安管理行为的，依法予以治安管理处罚；构成犯罪的，依法追究刑事责任：

（一）有统计违法行为；

（二）将统计调查证转借他人使用；

（三）利用统计调查证从事与政府统计调查无关的活动；

（四）泄露统计调查资料。

第 12 条　任何单位违反本办法规定，伪造、变造或者冒用统计调查证的，由县级以上人民政府统计机构责令改正，予以警告，予以通报。对非经营活动中发生上述违法行为的，还可以处 1000 元以下的罚款。对经营活动中发生上述违法行为，有违法所得的，可以处违法所得 1 倍以上 3 倍以下但不超过 3 万元的罚款；没有违法所得，还可以处 1 万元以下的罚款。

对有前款违法行为的有关责任人员，由县级以上人民政府统计机构责令改正予以警告，可以予以通报，可以处 1000 元以下的罚款；构成违反治安管理行为的，依法予以治安管理处罚；构成犯罪的，依法追究刑事责任。

4.《**统计专业技术资格考试暂行规定**》（1995 年 1 月 24 日）

第 1 条 为加强统计专业队伍建设，提高统计人员素质，客观公正地评价和选拔人才，充分发挥统计人员在社会主义现代化建设中的积极性和创造性，根据国家深化职称改革、建立和推行专业技术资格考试制度的精神，特制定本规定。

第 2 条 统计专业技术资格实行全国统一考试制度。资格考试坚持客观、公正、规范的原则，实行全国统一组织、统一大纲、统一考试用书、统一试题、统一评分标准。资格考试暂设置两个级别：统计专业初级资格、统计专业中级资格。本规定执行后不再进行统计专业初、中级职务任职资格的评审工作，各地区、各部门为评定相应统计专业职务任职资格而组织的考试也不再进行。

第 3 条 按本规定通过全国统一考试获得统计专业初、中级资格的人员，表明其已具备担任相应职务的专业技术水平和能力。获得统计专业资格不与工资待遇挂钩。单位根据工作需要和本人条件决定获得统计专业资格人员的职务和工资待遇。

第 4 条 统计专业中级资格考试分甲、乙两种。甲种考试为统计师资格应具备的专业水平和业务能力的考试，考试合格者，获得统计师资格。乙种考试为统计基础理论和专业知识的考试。不具备甲种考试规定学历的人员，必须取得乙种考试合格证书后，再参加甲种考试科目中《统计工作实务》的考试，成绩合格者，获得统计师资格。

统计专业初级资格考试只设一种，为该资格应具备的专业水平和业务能力的考试。

第 5 条　统计专业初级资格考试科目为：

1. 统计学和统计法基础知识；

2. 专业知识和实务（新的国家统计报表制度）。

统计专业中级资格甲种考试科目为：

1. 统计基础理论及相关知识；

2. 统计工作实务。

统计专业中级资格乙种考试科目为：

1. 统计学原理；

2. 经济学；

3. 会计基础知识；

4. 国民经济核算基础知识；

5. 统计分析；

6. 计算机基础知识与应用。

第 6 条　报名参加统计专业初、中级资格考试的人员应具备下列基本条件：

1. 拥护中国共产党在社会主义初级阶段的基本路线，遵纪守法；

2. 热爱统计工作，能够履行岗位职责，完成本职工作任务，遵守职业道德。

第 7 条　报名参加统计专业初级资格考试的人员，除具备第六条所列基本条件外，还必须具备高中毕业以上学历。

第 8 条　报名参加统计专业中级资格甲种考试的人员，除具备第六条所列基本条件外，还必须具备下列条件之一：

1. 中等专业学校毕业后从事专业工作满十年，取得统计专业初级资格（含本规定实施前通过国家考试获得的统计员、助理统计师资格或按照国家统一规定评聘的初级统计专业职务），并参加统计专业中级资格乙种考试合格。

2. 大学专科毕业后从事专业工作满六年；大学本科毕业后从

事专业工作满四年。

3. 获第二学士学位后或研究生班结业后从事专业工作满二年。

4. 获硕士学位后从事专业工作满一年；获博士学位。

第9条　统计专业初级资格和中级 资格的甲种考试每年举行一次，全部考试科目合格者，授予由人事部统一印制，人事部和国 家统计局用印的《统计专业技术资格证书》，全国范围内有效。

第10条　统计专业中级资格乙种考试的开考计划，以两年为一周期循环安排。考试成绩采用单科累积的方式，每门科目考试合格，由省（区、市）统计专业资格考试办公室颁发单科合格证明。规定的科目全部合格后，由国家统计局颁发统计专业中级资格乙种考试合格证书。乙种考试各单科合格证只在四年内申办合格证书有效，逾期该科目必须重考。

第11条　对伪造学历、资历或考试作弊，骗取资格证书和乙种考试合格证书的人员，发证机关应取消其资格，收回证书。

第12条　统计专业资格考试由人事部和国家统计局共同负责。人事部负责审定考试科目、考试大纲、试题和确定合格标准，会同国家统计局对考试进行指导、监督、协调。国家统计局负责考试大纲和考试用书的编写、出版、发行，组织命题、建立题库和实施考试工作。

各省、区、市的考务工作由人事厅（局）和统计局共同负责，具体分工按“三定”方案规定 的职责确定。副省级市是否单独组织考试由所在省人事厅会同省统计局确定。

第13条　统计专业资格考试工作遵守并执行《中华人民共和国保守国家秘密法》和人事部、国家保密局关于《人事工作中国家秘密及秘级具体范围的补充规定》。

第14条　统计专业中级资格其外语要求另行规定。

第 15 条 本规定适用于国家机关、企业、事业、团体单位在统计岗位工作的人员 。本规定按第 12 条的分工，分别由人事部和国家统计局负责解释。本规定自发布之日起执行，过去有关规定与本规定不符的，以本规定为准。

第五章 监督检查

第三十五条 统计监督

县级以上人民政府对下级人民政府、本级人民政府统计机构和有关部门执行本法的情况，实施监督。

部门规章及文件

1.《统计执法监督检查办法》（2019 年 11 月 14 日）

第 3 条 国家统计局统计执法监督局在国家统计局领导下，具体负责对全国统计执法监督检查工作的组织管理，指导监督地方统计机构和国家调查队统计执法监督检查机构工作，检查各地方、各部门统计法执行情况，查处重大统计违法行为。

省级及市级统计执法监督检查机构在所属统计局或者国家调查队领导下，具体负责指导监督本地区、本系统统计执法监督检查工作，对本地区、本系统统计法执行情况的检查和查处统计违法行为。县级统计执法监督检查机构或者执法检查人员在所属统计局或者国家调查队领导下，依据法定分工负责本地区、本系统统计执法监督检查工作。

地方统计机构和国家调查队应当建立统计执法监督检查沟通协作机制。

第 4 条 县级以上人民政府有关部门在同级人民政府统计机构的组织指导下，负责监督本部门统计调查中执行统计法情况，对本部门统计调查中发生的统计违法行为，移交同级人民政府统计机构予以处理。

第5条 各级人民政府统计机构应当建立行政执法监督检查责任制和问责制，切实保障统计执法监督检查所需的人员、经费和其他工作条件。

第6条 统计执法监督检查应当贯彻有法必依、执法必严、违法必究的方针，坚持预防、查处和整改相结合，坚持教育与处罚相结合，坚持实事求是、客观公正、统一规范、文明执法、高效廉洁原则。

统计执法监督检查中，与执法监督检查对象有利害关系以及其他可能影响公正性的人员，应当回避。

2. **《部门统计调查项目管理办法》**（2017年6月2日）

第38条 国家统计局依法对部门统计调查制度执行情况进行监督检查，依法查处部门统计调查中的重大违法行为；县级以上地方人民政府统计机构依法查处本级和下级人民政府有关部门和统计调查对象执行部门统计调查制度中发生的统计违法行为。

第三十六条 统计违法行为查处

国家统计局组织管理全国统计工作的监督检查，查处重大统计违法行为。

县级以上地方人民政府统计机构依法查处本行政区域内发生的统计违法行为。但是，国家统计局派出的调查机构组织实施的统计调查活动中发生的统计违法行为，由组织实施该项统计调查的调查机构负责查处。

法律、行政法规对有关部门查处统计违法行为另有规定的，从其规定。

行政法规及文件

1.《统计法实施条例》（2017 年 5 月 28 日）

第 39 条 县级以上人民政府统计机构负责查处统计违法行为；法律、行政法规对有关部门查处统计违法行为另有规定的，从其规定。

部门规章及文件

2.《统计执法监督检查办法》（2019 年 11 月 14 日）

第 25 条 国家统计局负责查处情节严重或影响恶劣的统计造假、弄虚作假案件，对国家重大统计部署贯彻不力的案件，重大国情国力调查中发生的严重统计造假、弄虚作假案件，其他重大统计违法案件。

省级统计局依法负责查处本行政区域内统计造假、弄虚作假案件，违反国家统计调查制度以及重要的地方统计调查制度的案件。但是国家调查总队组织实施的统计调查中发生的统计造假、弄虚作假案件，违反国家统计调查制度案件，由组织实施统计调查的国家调查总队进行查处。

市级、县级统计局和国家统计局市级、县级调查队，发现本行政区域内统计造假、弄虚作假违法行为的，应当及时报告省级统计机构依法查处；依法负责查处本行政区域内其他统计违法案件。

案例指引

国家统计局关于 7 起农业普查造假弄虚作假典型案件的通报①

国家统计局近年来不断加大统计执法检查力度，坚决查处在重大国情国力普查中出现的统计造假、弄虚作假问题。现将国家统计局执法检查的 7 起第三次全国农业普查造假作假典型案件通报如下。

---

① 载国家统计局网，https：//www. stats. gov. cn/fw/bgthyb/202302/t20230215_1904789. html，最后访问时间：2024 年 10 月 31 日。

一、山西省忻州市偏关县农业普查违法案件

国家统计局2017年3月对山西省忻州市偏关县统计执法检查发现，偏关县第三次全国农业普查未严格执行农业普查方案及普查工作要求。执法检查实地入户核查45户，部分农户表示普查员未入户进行普查登记，普查员按照原有行政记录信息、电话询问了解的情况以及推测编造的信息代填农户普查表。检查比对了1458份纸质农户普查表，其中大部分表中数据与手持电子终端（PDA）中数据不一致。偏关县农普组织实施工作不规范，县乡（镇）两级农普工作指导监管不到位或欠缺。目前，案件已办理完毕，偏关县县委副书记、县长和副县长、农普领导小组组长分别受到警告处分；偏关县统计局总统计师、县农普办主任受到记过处分；有关乡镇农普工作负责人及普查人员共计13人受到警告或记过处分。

二、吉林省长春市农安县农业普查违法案件

国家统计局2017年12月对吉林省长春市农安县统计执法检查发现，农安县第三次全国农业普查未严格执行农业普查方案和普查工作要求，弄虚作假严重。执法检查实地入户核查32家农户，发现存在普查员未入户、没有在现场填写普查表或者录入手持电子终端（PDA）等问题。有关乡镇农普办要求各村按照县农普办下发的对比表进行数据修改或补充上报，存在人为编造数据现象。县农普办、有关乡镇要求农户记住最终上报数据，以应对普查事后质量抽查和统计执法检查。国家统计局已将该案件移送吉林省委、省政府依法依规严肃处理。目前，案件正在办理中，对相关责任人的处分处理结果将适时向社会公开。

三、黑龙江省哈尔滨市依兰县农业普查违法案件

国家统计局2017年11月对黑龙江省哈尔滨市依兰县统计执法检查发现，依兰县第三次全国农业普查未严格执行农业普查方案和普查工作要求，弄虚作假严重。执法检查实地入户核查42家农户，发现普查员未入户普查并编造及代填代报普查数据。核查153个普查小区，发现49个普查小区没有摸底表。核查5个乡镇12570份普查

登记表，发现有 129 户普查表无数据，1236 户普查表没有签字，有签字的普遍存在笔迹相似问题。国家统计局已将该案件移送黑龙江省委、省政府依法依规严肃处理。目前，案件正在办理中，对相关责任人的处分处理结果将适时向社会公开。

四、甘肃省平凉市泾川县农业普查违法案件

国家统计局 2017 年 11 月对甘肃省平凉市泾川县统计执法检查发现，泾川县第三次全国农业普查未严格执行农业普查方案和普查工作要求，“确权的林地面积”“实际经营林地面积”“果园面积”等指标存在造假作假问题。执法检查实地入户 30 家农户发现，存在普查员未入户普查、普查员违规编造普查数据等问题。县林业局干预普查人员独立调查职权，县统计局要求各乡镇违规修改普查数据。目前，该案已办理完毕，泾川县委、县政府主要负责人受到党内严重警告、记大过处分；泾川县政府 2 位相关负责人分别受到党内严重警告、记大过、免职处分处理和党内严重警告、记大过处分；泾川县林业局局长受到撤销党内职务、政务撤职处分；泾川县林业局副局长和工作人员受到党内严重警告、记大过处分；泾川县统计局原局长和副局长分别受到撤销党内职务、政务撤职处分和党内严重警告、记大过处分；泾川县统计局相关工作人员受到诫勉处理。有关乡镇相关人员共计 19 人受到党内严重警告、记大过，党内警告、记过或诫勉处分处理。

五、江西省萍乡市芦溪县农业普查违法案件

国家统计局 2017 年 3 月对江西省萍乡市芦溪县统计执法检查发现，芦溪县第三次全国农业普查弄虚作假严重。检查发现，部分乡镇普查员要求各村按照目标数据分解填报农业普查表，多个普查小区批量编造、篡改农业普查报表，普查员未按要求入户开展普查工作。目前，案件已办理完毕，芦溪县统计局副局长和办公室主任分别受到警告处分，有关乡镇负责人以及农办、统计办负责人共计 4 人受到警告或记过处分。

六、湖北省宜昌市枝江市农业普查违法案件

国家统计局 2017 年 7 月至 8 月对湖北省宜昌市枝江市统计执法

检查发现，枝江市第三次全国农业普查中存在未严格执行农业普查方案和普查工作要求、虚报有关普查数据等问题。执法检查实地入户核查 42 户规模农业经营户发现，有关人员代替农户在手持电子移动终端（PDA）中确认签名，未经规模农业经营户认可自行修改普查数据，虚报“农业经营收入合计”指标数据。在国家执法检查过程中，有关人员删除、清空办公电脑资料应对执法检查。目前，该案已办理完毕，枝江市统计局主要负责人和分管农业普查负责人分别受到记大过和诫勉谈话处分处理。

七、四川省雅安市名山区农业普查违法案件

国家统计局 2018 年 5 月对四川省雅安市名山区统计执法检查发现，名山区第三次全国农业普查领导小组办公室在普查登记结束后，违反普查方案和普查程序有关规定，组织有关部门、乡镇普查人员集中大面积篡改普查有关指标数据，“茶种植面积”等指标普查数据严重失实。名山区委以相关会议、工作布置的形式违法干预普查机构、普查人员独立真实上报普查数据。国家统计局已将该案件移送四川省委、省政府依法依规严肃处理。目前，案件正在办理中，对相关责任人的处分处理结果将适时向社会公开。

第三十七条　统计违法案件材料移送规定

县级以上人民政府有关部门应当积极协助本级人民政府统计机构查处统计违法行为，及时向本级人民政府统计机构移送有关统计违法案件材料。

部门规章及文件

1. **《统计执法监督检查办法》**（2019 年 11 月 14 日）

第 7 条　县级以上人民政府统计机构应当畅通统计违法举报渠道，公布统计违法举报电话、通信地址、网络专栏、电子邮箱等，认真受理、核实、办理统计违法举报。

第 8 条　县级以上人民政府统计机构应当建立统计违法行为

查处情况报告制度，定期向上一级统计机构报告统计违法举报、统计执法监督检查和统计违法行为查处情况。

第 24 条　查处统计违法案件应当做到事实清楚，证据确凿，定性准确，处理恰当，适用法律正确，符合法定程序。

2.《部门统计调查项目管理办法》（2017 年 6 月 2 日）

第 40 条　县级以上人民政府有关部门积极协助本级人民政府统计机构查处统计违法行为，及时向县级以上人民政府统计机构移送有关统计违法案件材料。

第三十八条　统计机构有权采取措施

县级以上人民政府统计机构在调查统计违法行为或者核查统计数据时，有权采取下列措施：

（一）发出统计检查查询书，向检查对象查询有关事项；

（二）要求检查对象提供有关原始记录和凭证、统计台账、统计调查表、会计资料及其他相关证明和资料；

（三）就与检查有关的事项询问有关人员；

（四）进入检查对象的业务场所和统计数据处理信息系统进行检查、核对；

（五）经本机构负责人批准，登记保存检查对象的有关原始记录和凭证、统计台账、统计调查表、会计资料及其他相关证明和资料；

（六）对与检查事项有关的情况和资料进行记录、录音、录像、照相和复制。

县级以上人民政府统计机构进行监督检查时，监督检查人员不得少于二人，并应当出示执法证件；未出示的，有关单位和个人有权拒绝检查。

行政法规及文件

1.《统计法实施条例》（2017 年 5 月 28 日）

第 40 条 下列情形属于统计法第三十七条第四项规定的对严重统计违法行为失察，对地方人民政府、政府统计机构或者有关部门、单位的负责人，由任免机关或者监察机关依法给予处分，并由县级以上人民政府统计机构予以通报：

（一）本地方、本部门、本单位大面积发生或者连续发生统计造假、弄虚作假；

（二）本地方、本部门、本单位统计数据严重失实，应当发现而未发现；

（三）发现本地方、本部门、本单位统计数据严重失实不予纠正。

部门规章及文件

2.《统计执法证管理办法》（2019 年 11 月 14 日）

第 3 条 统计执法证是统计执法人员依法从事统计执法活动时证明其身份的有效证件，是履行统计行政执法职责的凭证。

第 4 条 从事统计执法工作的人员应当持有统计执法证。未取得统计执法证的，不得从事统计执法工作。

统计执法人员依法开展统计执法工作时，应当主动向统计检查对象出示统计执法证。

3.《统计执法监督检查办法》（2019 年 11 月 14 日）

第 18 条 统计执法监督检查机构进行执法监督检查时，执法检查人员不得少于 2 名，并应当出示国家统计局统一颁发的统计执法证，告知检查对象和有关单位实施检查的人民政府统计机构名称，检查的依据、范围、内容和方式，以及相应的权利、义务和法律责任。未出示统计执法证的，有关单位和个人有权拒绝接受检查。

第三十九条 被调查对象应如实反映情况

县级以上人民政府统计机构履行监督检查职责时，有关单位和个人应当如实反映情况，提供相关证明和资料，不得拒绝、阻碍检查，不得转移、隐匿、篡改、毁弃原始记录和凭证、统计台账、统计调查表、会计资料及其他相关证明和资料。

行政法规及文件

1.《统计法实施条例》（2017 年 5 月 28 日）

第 37 条　任何单位和个人不得拒绝、阻碍对统计工作的监督检查和对统计违法行为的查处工作，不得包庇、纵容统计违法行为。

第 38 条　任何单位和个人有权向县级以上人民政府统计机构举报统计违法行为。

县级以上人民政府统计机构应当公布举报统计违法行为的方式和途径，依法受理、核实、处理举报，并为举报人保密。

部门规章及文件

2.《统计执法监督检查办法》（2019 年 11 月 14 日）

第 20 条　检查对象和有关单位应当按照统计法律法规规定，积极配合执法监督检查工作，为检查工作提供必要的条件保障。有关人员应当如实回答询问、反映情况，提供相关证明和资料，核实笔录，并在有关证明、资料和笔录上签字，涉及单位的加盖公章。拒绝签字或者盖章的，由执法检查人员现场记录原因并录音录像。

有关地方、部门、单位应当及时通知相关人员按照要求接受检查。

3.《部门统计调查项目管理办法》（2017 年 6 月 2 日）

第 42 条　县级以上人民政府统计机构履行监督检查职责时，有关部门应当如实反映情况，提供相关证明和资料，不得拒绝、阻碍检查，不得转移、隐匿、篡改、毁弃与部门统计调查有关的统计调查制度、调查资料、调查报告及其他相关证明和资料。

第六章　法律责任

第四十条　统计机构或有关部门、单位的负责人法律责任

地方各级人民政府、县级以上人民政府统计机构或者有关部门、单位的负责人有下列行为之一的，由任免机关、单位或者监察机关依法给予处分，并由县级以上人民政府统计机构予以通报：

（一）自行修改统计资料、编造虚假统计数据的；

（二）要求统计机构、统计人员或者其他机构、人员伪造、篡改统计资料的；

（三）明示、暗示下级单位及其人员或者统计调查对象填报虚假统计数据的；

（四）对本地方、本部门、本单位发生的统计数据严重失实情况和严重统计违法行为失察的；

（五）有其他统计造假、弄虚作假行为的。

对依法履行职责或者拒绝、抵制统计违法行为的单位和个人打击报复的，依照前款规定给予处分和予以通报。

部门规章及文件

1.《部门统计调查项目管理办法》（2017 年 6 月 2 日）

第 44 条　县级以上人民政府有关部门及其工作人员有下列

行为之一的，由上级人民政府统计机构、本级人民政府统计机构责令改正，予以通报：

（一）拒绝、阻碍对部门统计调查的监督检查和对部门统计违法行为的查处；

（二）包庇、纵容部门统计违法行为；

（三）向存在部门统计违法行为的单位或者个人通风报信，帮助其逃避查处。

2. **《统计违法违纪行为处分规定》**（2009 年 3 月 25 日）

第 5 条 各级人民政府统计机构、有关部门及其工作人员在实施统计调查活动中，有下列行为之一的，对有关责任人员，给予记过或者记大过处分；情节较重的，给予降级或者撤职处分；情节严重的，给予开除处分：

（一）强令、授意统计调查对象虚报、瞒报或者伪造、篡改统计资料的；

（二）参与篡改统计资料、编造虚假数据的。

第 6 条 各级人民政府统计机构、有关部门及其工作人员在实施统计调查活动中，有下列行为之一的，对有关责任人员，给予警告、记过或者记大过处分；情节较重的，给予降级处分；情节严重的，给予撤职处分：

（一）故意拖延或者拒报统计资料的；

（二）明知统计数据不实，不履行职责调查核实，造成不良后果的。

第 8 条 违反国家规定的权限和程序公布统计资料，造成不良后果的，对有关责任人员，给予警告或者记过处分；情节较重的，给予记大过或者降级处分；情节严重的，给予撤职处分。

第 10 条 包庇、纵容统计违法违纪行为的，对有关责任人员，给予记过或者记大过处分；情节较重的，给予降级或者撤职处分；情节严重的，给予开除处分。

第四十一条 统计机构和有关部门法律责任

县级以上人民政府统计机构或者有关部门有下列行为之一的，由本级人民政府、上级人民政府统计机构或者本级人民政府统计机构责令改正，予以通报；对负有责任的领导人员和直接责任人员，由任免机关或者监察机关依法给予处分：

（一）未经批准或者备案擅自组织实施统计调查的；

（二）未经批准或者备案擅自变更统计调查制度的内容的；

（三）伪造、篡改统计资料的；

（四）要求统计调查对象或者其他机构、人员提供不真实的统计资料的；

（五）未按照统计调查制度的规定报送有关资料的。

统计人员有前款第三项至第五项所列行为之一的，责令改正，依法给予处分。

● 部门规章及文件

《部门统计调查项目管理办法》（2017 年 6 月 2 日）

第 43 条 县级以上人民政府有关部门在组织实施部门统计调查活动中有下列行为之一的，由上级人民政府统计机构、本级人民政府统计机构责令改正，予以通报：

（一）违法制定、实施部门统计调查项目；

（二）未执行国家统计标准或者经依法批准的部门统计标准；

（三）未执行批准和备案的部门统计调查制度；

（四）在部门统计调查中统计造假、弄虚作假。

第四十二条 对负有责任的领导人员和直接责任人员处分

县级以上人民政府统计机构或者有关部门有下列行为之一的，对负有责任的领导人员和直接责任人员由任免机关或者监察机关依法给予处分：

（一）违法公布统计资料的；

（二）泄露或者向他人非法提供统计调查对象的商业秘密、个人隐私、个人信息的；

（三）对外提供、泄露在统计调查中获得的能够识别或者推断单个统计调查对象身份的资料的；

（四）违反国家有关规定，造成统计资料毁损、灭失的。

统计人员有前款所列行为之一的，依法给予处分。

● 部门规章及文件

1.《统计执法监督检查办法》（2019 年 11 月 14 日）

第 44 条 县级以上人民政府统计机构负责人、执法检查人员及其相关人员在统计执法监督检查中有下列行为之一的，由统计机构予以通报，由任免机关或者纪检监察机关给予处分：

（一）包庇、纵容统计违法行为；

（二）瞒案不报，压案不查；

（三）未按规定受理、核查、处理统计违法举报；

（四）未按法定权限、程序和要求开展统计执法监督检查，造成不良后果；

（五）违反保密规定，泄露举报人或者案情；

（六）滥用职权，徇私舞弊；

（七）其他违纪违法行为。

第 45 条 县级以上人民政府统计机构负责人、执法检查人员及其相关人员在统计执法监督检查中，违反有关纪律的，依纪依法给予处分。

2.《统计违法违纪行为处分规定》（2009年3月25日）

第2条　有统计违法违纪行为的单位中负有责任的领导人员和直接责任人员，以及有统计违法违纪行为的个人，应当承担纪律责任。属于下列人员的（以下统称有关责任人员），由任免机关或者监察机关按照管理权限依法给予处分：

（一）行政机关公务员；

（二）法律、法规授权的具有公共事务管理职能的事业单位中经批准参照《中华人民共和国公务员法》管理的工作人员；

（三）行政机关依法委托的组织中除工勤人员以外的工作人员；

（四）企业、事业单位、社会团体中由行政机关任命的人员。

法律、行政法规、国务院决定和国务院监察机关、国务院人力资源社会保障部门制定的处分规章对统计违法违纪行为的处分另有规定的，从其规定。

第3条　地方、部门以及企业、事业单位、社会团体的领导人员有下列行为之一的，给予记过或者记大过处分；情节较重的，给予降级或者撤职处分；情节严重的，给予开除处分：

（一）自行修改统计资料、编造虚假数据的；

（二）强令、授意本地区、本部门、本单位统计机构、统计人员或者其他有关机构、人员拒报、虚报、瞒报或者篡改统计资料、编造虚假数据的；

（三）对拒绝、抵制篡改统计资料或者对拒绝、抵制编造虚假数据的人员进行打击报复的；

（四）对揭发、检举统计违法违纪行为的人员进行打击报复的。

有前款第（三）项、第（四）项规定行为的，应当从重处分。

第4条　地方、部门以及企业、事业单位、社会团体的领导人员，对本地区、本部门、本单位严重失实的统计数据，应当发现而未发现或者发现后不予纠正，造成不良后果的，给予警告或者记过处分；造成严重后果的，给予记大过或者降级处分；造成特别严重后果的，给予撤职或者开除处分。

第四十三条 泄密法律责任

统计机构、统计人员泄露国家秘密、工作秘密的，依法追究法律责任。

● 法 律

1. **《刑法》**（2023 年 12 月 29 日）

第 398 条 国家机关工作人员违反保守国家秘密法的规定，故意或者过失泄露国家秘密，情节严重的，处三年以下有期徒刑或者拘役；情节特别严重的，处三年以上七年以下有期徒刑。

非国家机关工作人员犯前款罪的，依照前款的规定酌情处罚。

● 部门规章及文件

2. **《统计执法监督检查办法》**（2019 年 11 月 14 日）

第 46 条 县级以上人民政府统计机构负责人、执法检查人员及其相关人员泄露在检查过程中知悉的国家秘密、商业秘密、个人信息资料和能够识别或者推断单个调查对象身份的资料，依纪依法给予处分。

3. **《统计违法违纪行为处分规定》**（2009 年 3 月 25 日）

第 9 条 有下列行为之一，造成不良后果的，对有关责任人员，给予警告、记过或者记大过处分；情节较重的，给予降级或者撤职处分；情节严重的，给予开除处分：

（一）泄露属于国家秘密的统计资料的；

（二）未经本人同意，泄露统计调查对象个人、家庭资料的；

（三）泄露统计调查中知悉的统计调查对象商业秘密的。

第四十四条 **统计调查对象是单位法律责任**

作为统计调查对象的国家机关、企业事业单位或者其他组织有下列行为之一的，由县级以上人民政府统计机构责令改正，给予警告，可以予以通报；其负有责任的领导人员和直接责任人员属于公职人员的，由任免机关、单位或者监察机关依法给予处分：

（一）拒绝提供统计资料或者经催报后仍未按时提供统计资料的；

（二）提供不真实或者不完整的统计资料的；

（三）拒绝答复或者不如实答复统计检查查询书的；

（四）拒绝、阻碍统计调查、统计检查的；

（五）转移、隐匿、篡改、毁弃或者拒绝提供原始记录和凭证、统计台账、统计调查表及其他相关证明和资料的。

企业事业单位或者其他组织有前款所列行为之一的，可以并处十万元以下的罚款；情节严重的，并处十万元以上五十万元以下的罚款。

个体工商户有本条第一款所列行为之一的，由县级以上人民政府统计机构责令改正，给予警告，可以并处一万元以下的罚款。

部门规章及文件

《统计违法违纪行为处分规定》（2009 年 3 月 25 日）

第 7 条 统计调查对象中的单位有下列行为之一，情节较重的，对有关责任人员，给予警告、记过或者记大过处分；情节严重的，给予降级或者撤职处分；情节特别严重的，给予开除处分：

（一）虚报、瞒报统计资料的；

（二）伪造、篡改统计资料的；

（三）拒报或者屡次迟报统计资料的；

（四）拒绝提供情况、提供虚假情况或者转移、隐匿、毁弃原始统计记录、统计台账、统计报表以及与统计有关的其他资料的。

第四十五条 统计调查对象迟报或未按规定报法律责任

作为统计调查对象的国家机关、企业事业单位或者其他组织迟报统计资料，或者未按照国家有关规定设置原始记录、统计台账的，由县级以上人民政府统计机构责令改正，给予警告，可以予以通报；其负有责任的领导人员和直接责任人员属于公职人员的，由任免机关、单位或者监察机关依法给予处分。

企业事业单位或者其他组织有前款所列行为之一的，可以并处五万元以下的罚款。

个体工商户迟报统计资料的，由县级以上人民政府统计机构责令改正，给予警告，可以并处一千元以下的罚款。

第四十六条 公职人员处分

县级以上人民政府统计机构查处统计违法行为时，认为对有关公职人员依法应当给予处分的，应当向该公职人员的任免机关、单位提出给予处分的建议，该公职人员的任免机关、单位应当依法及时作出决定，并将结果书面通知县级以上人民政府统计机构；向监察机关移送的，由监察机关按照有关规定办理。

● 部门规章及文件

《部门统计调查项目管理办法》（2017 年 6 月 2 日）

第 45 条　县级以上人民政府统计机构在查处部门统计违法行为中，认为对有关国家工作人员依法应当给予处分的，应当提出给予处分的建议，将处分建议和案件材料移送该国家工作人员的任免机关或者监察机关。

第四十七条　统计调查对象拒不配合责任

作为统计调查对象的个人在重大国情国力普查活动中拒绝、阻碍统计调查，或者提供不真实或者不完整的普查资料的，由县级以上人民政府统计机构责令改正，予以批评教育。

第四十八条　利用虚假统计资料骗取晋升责任

违反本法规定，利用虚假统计资料骗取荣誉称号、物质利益或者职务职级等晋升的，除对其编造虚假统计资料或者要求他人编造虚假统计资料的行为依法追究法律责任外，由作出有关决定的单位或者其上级单位、监察机关取消其荣誉称号，追缴获得的物质利益，撤销晋升的职务职级等。

第四十九条　对行政处罚不服可申请行政复议

当事人对县级以上人民政府统计机构作出的行政处罚决定不服的，可以依法申请行政复议或者提起行政诉讼。对国家统计局派出的调查机构作出的行政处罚决定不服的，向国家统计局申请行政复议。

第五十条 **违反本法法律责任**

违反本法规定，造成人身损害、财产损失的，依法承担民事责任；构成犯罪的，依法追究刑事责任。

● **部门规章及文件**

《统计违法违纪行为处分规定》（2009 年 3 月 25 日）

第 13 条　有统计违法违纪行为，应当给予党纪处分的，移送党的纪律检查机关处理。涉嫌犯罪的，移送司法机关依法追究刑事责任。

第七章　附　　则

第五十一条 **统计机构含义**

本法所称县级以上人民政府统计机构，是指国家统计局及其派出的调查机构、县级以上地方人民政府统计机构。

● **部门规章及文件**

《统计严重失信企业信用管理办法》（2022 年 5 月 19 日）

第 2 条　本办法适用于统计机构对企业的统计严重失信行为及其信息进行认定、记录、归集、共享、公开、惩戒和信用修复等活动。

本办法所称统计机构，是指国家统计局及其派出的调查机构、县级以上地方人民政府统计机构。

本办法所称企业，是指在各级人民政府、县级以上人民政府统计机构和有关部门组织实施的统计活动中，承担统计资料报送义务的企业。

第五十二条 民间统计调查规定

民间统计调查活动的管理办法，由国务院制定。

中华人民共和国境外的组织、个人需要在中华人民共和国境内进行统计调查活动的，应当按照国务院的规定报请审批。

利用统计调查危害国家安全、损害社会公共利益或者进行欺诈活动的，依法追究法律责任。

第五十三条 本法生效时间

本法自 2010 年 1 月 1 日起施行。

附　录

中华人民共和国统计法实施条例

（2017 年 4 月 12 日国务院第 168 次常务会议通过　2017 年 5 月 28 日中华人民共和国国务院令第 681 号公布　自 2017 年 8 月 1 日起施行）

第一章　总　　则

第一条　根据《中华人民共和国统计法》（以下简称统计法），制定本条例。

第二条　统计资料能够通过行政记录取得的，不得组织实施调查。通过抽样调查、重点调查能够满足统计需要的，不得组织实施全面调查。

第三条　县级以上人民政府统计机构和有关部门应当加强统计规律研究，健全新兴产业等统计，完善经济、社会、科技、资源和环境统计，推进互联网、大数据、云计算等现代信息技术在统计工作中的应用，满足经济社会发展需要。

第四条　地方人民政府、县级以上人民政府统计机构和有关部门应当根据国家有关规定，明确本单位防范和惩治统计造假、弄虚作假的责任主体，严格执行统计法和本条例的规定。

地方人民政府、县级以上人民政府统计机构和有关部门及其负责人应当保障统计活动依法进行，不得侵犯统计机构、统计人员独立行使统计调查、统计报告、统计监督职权，不得非法干预统计调查对象提供统计资料，不得统计造假、弄虚作假。

统计调查对象应当依照统计法和国家有关规定，真实、准确、完整、及时地提供统计资料，拒绝、抵制弄虚作假等违法行为。

第五条 县级以上人民政府统计机构和有关部门不得组织实施营利性统计调查。

国家有计划地推进县级以上人民政府统计机构和有关部门通过向社会购买服务组织实施统计调查和资料开发。

第二章 统计调查项目

第六条 部门统计调查项目、地方统计调查项目的主要内容不得与国家统计调查项目的内容重复、矛盾。

第七条 统计调查项目的制定机关（以下简称制定机关）应当就项目的必要性、可行性、科学性进行论证，征求有关地方、部门、统计调查对象和专家的意见，并由制定机关按照会议制度集体讨论决定。

重要统计调查项目应当进行试点。

第八条 制定机关申请审批统计调查项目，应当以公文形式向审批机关提交统计调查项目审批申请表、项目的统计调查制度和工作经费来源说明。

申请材料不齐全或者不符合法定形式的，审批机关应当一次性告知需要补正的全部内容，制定机关应当按照审批机关的要求予以补正。

申请材料齐全、符合法定形式的，审批机关应当受理。

第九条 统计调查项目符合下列条件的，审批机关应当作出予以批准的书面决定：

（一）具有法定依据或者确为公共管理和服务所必需；

（二）与已批准或者备案的统计调查项目的主要内容不重复、不矛盾；

（三）主要统计指标无法通过行政记录或者已有统计调查资料加工整理取得；

（四）统计调查制度符合统计法律法规规定，科学、合理、可行；

（五）采用的统计标准符合国家有关规定；

（六）制定机关具备项目执行能力。

不符合前款规定条件的，审批机关应当向制定机关提出修改意见；修改后仍不符合前款规定条件的，审批机关应当作出不予批准的书面决定并说明理由。

第十条 统计调查项目涉及其他部门职责的，审批机关应当在作出审批决定前，征求相关部门的意见。

第十一条 审批机关应当自受理统计调查项目审批申请之日起 20 日内作出决定。20 日内不能作出决定的，经审批机关负责人批准可以延长 10 日，并应当将延长审批期限的理由告知制定机关。

制定机关修改统计调查项目的时间，不计算在审批期限内。

第十二条 制定机关申请备案统计调查项目，应当以公文形式向备案机关提交统计调查项目备案申请表和项目的统计调查制度。

统计调查项目的调查对象属于制定机关管辖系统，且主要内容与已批准、备案的统计调查项目不重复、不矛盾的，备案机关应当依法给予备案文号。

第十三条 统计调查项目经批准或者备案的，审批机关或者备案机关应当及时公布统计调查项目及其统计调查制度的主要内容。涉及国家秘密的统计调查项目除外。

第十四条 统计调查项目有下列情形之一的，审批机关或者备案机关应当简化审批或者备案程序，缩短期限：

（一）发生突发事件需要迅速实施统计调查；

（二）统计调查制度内容未作变动，统计调查项目有效期届满需要延长期限。

第十五条 统计法第十七条第二款规定的国家统计标准是强制执行标准。各级人民政府、县级以上人民政府统计机构和有关部门组织实施的统计调查活动，应当执行国家统计标准。

制定国家统计标准，应当征求国务院有关部门的意见。

第三章 统计调查的组织实施

第十六条 统计机构、统计人员组织实施统计调查，应当就统计调查对象的法定填报义务、主要指标涵义和有关填报要求等，向统计调查对象作出说明。

第十七条 国家机关、企业事业单位或者其他组织等统计调查对象提供统计资料，应当由填报人员和单位负责人签字，并加盖公章。个人作为统计调查对象提供统计资料，应当由本人签字。统计调查制度规定不需要签字、加盖公章的除外。

统计调查对象使用网络提供统计资料的，按照国家有关规定执行。

第十八条 县级以上人民政府统计机构、有关部门推广使用网络报送统计资料，应当采取有效的网络安全保障措施。

第十九条 县级以上人民政府统计机构、有关部门和乡、镇统计人员，应当对统计调查对象提供的统计资料进行审核。统计资料不完整或者存在明显错误的，应当由统计调查对象依法予以补充或者改正。

第二十条 国家统计局应当建立健全统计数据质量监控和评估制度，加强对各省、自治区、直辖市重要统计数据的监控和评估。

第四章 统计资料的管理和公布

第二十一条 县级以上人民政府统计机构、有关部门和乡、镇人民政府应当妥善保管统计调查中取得的统计资料。

国家建立统计资料灾难备份系统。

第二十二条 统计调查中取得的统计调查

应当至少保存 2 年。

汇总性统计资料应当至少保存 10 年，重要的汇

料应当永久保存。法律法规另有规定的，从其规定。

第二十三条 统计调查对象按照国家有关规定设置的

录和统计台账，应当至少保存 2 年。

第二十四条 国家统计局统计调查取得的全国性统计数据分省、自治区、直辖市统计数据，由国家统计局公布或者由国家统计局授权其派出的调查机构或者省级人民政府统计机构公布。

第二十五条 国务院有关部门统计调查取得的统计数据，由国务院有关部门按照国家有关规定和已批准或者备案的统计调查制度公布。

县级以上地方人民政府有关部门公布其统计调查取得的统计数据，比照前款规定执行。

第二十六条 已公布的统计数据按照国家有关规定需要进行修订的，县级以上人民政府统计机构和有关部门应当及时公布修订后的数据，并就修订依据和情况作出说明。

第二十七条 县级以上人民政府统计机构和有关部门应当及时公布主要统计指标涵义、调查范围、调查方法、计算方法、抽样调查样本量等信息，对统计数据进行解释说明。

第二十八条 公布统计资料应当按照国家有关规定进行。公布前，任何单位和个人不得违反国家有关规定对外提供，不得利用尚未公布的统计资料谋取不正当利益。

第二十九条 统计法第二十五条规定的能够识别或者推断单个统计调查对象身份的资料包括：

（一）直接标明单个统计调查对象身份的资料；

（二）虽未直接标明单个统计调查对象身份，但是通过已标

明的地址、编码等相关信息可以识别或者推断单个统计调查对象身份的资料；

（三）可以推断单个统计调查对象身份的汇总资料。

第三十条 统计调查中获得的能够识别或者推断单个统计调查对象身份的资料应当依法严格管理，除作为统计执法依据外，不得直接作为对统计调查对象实施行政许可、行政处罚等具体行政行为的依据，不得用于完成统计任务以外的目的。

第三十一条 国家建立健全统计信息共享机制，实现县级以上人民政府统计机构和有关部门统计调查取得的资料共享。制定机关共同制定的统计调查项目，可以共同使用获取的统计资料。

统计调查制度应当对统计信息共享的内容、方式、时限、渠道和责任等作出规定。

第五章 统计机构和统计人员

第三十二条 县级以上地方人民政府统计机构受本级人民政府和上级人民政府统计机构的双重领导，在统计业务上以上级人民政府统计机构的领导为主。

乡、镇人民政府应当设置统计工作岗位，配备专职或者兼职统计人员，履行统计职责，在统计业务上受上级人民政府统计机构领导。乡、镇统计人员的调动，应当征得县级人民政府统计机构的同意。

县级以上人民政府有关部门在统计业务上受本级人民政府统计机构指导。

第三十三条 县级以上人民政府统计机构和有关部门应当完成国家统计调查任务，执行国家统计调查项目的统计调查制度，组织实施本地方、本部门的统计调查活动。

第三十四条 国家机关、企业事业单位和其他组织应当加强统计基础工作，为履行法定的统计资料报送义务提供组织、人员和工作条件保障。

第三十五条 对在统计工作中做出突出贡献、取得显著成绩的单位和个人，按照国家有关规定给予表彰和奖励。

第六章 监督检查

第三十六条 县级以上人民政府统计机构从事统计执法工作的人员，应当具备必要的法律知识和统计业务知识，参加统计执法培训，并取得由国家统计局统一印制的统计执法证。

第三十七条 任何单位和个人不得拒绝、阻碍对统计工作的监督检查和对统计违法行为的查处工作，不得包庇、纵容统计违法行为。

第三十八条 任何单位和个人有权向县级以上人民政府统计机构举报统计违法行为。

县级以上人民政府统计机构应当公布举报统计违法行为的方式和途径，依法受理、核实、处理举报，并为举报人保密。

第三十九条 县级以上人民政府统计机构负责查处统计违法行为；法律、行政法规对有关部门查处统计违法行为另有规定的，从其规定。

第七章 法律责任

第四十条 下列情形属于统计法第三十七条第四项规定的对严重统计违法行为失察，对地方人民政府、政府统计机构或者有关部门、单位的负责人，由任免机关或者监察机关依法给予处分，并由县级以上人民政府统计机构予以通报：

（一）本地方、本部门、本单位大面积发生或者连续发生统计造假、弄虚作假；

（二）本地方、本部门、本单位统计数据严重失实，应当发现而未发现；

（三）发现本地方、本部门、本单位统计数据严重失实不予纠正。

第四十一条 县级以上人民政府统计机构或者有关部门组织实施营利性统计调查的，由本级人民政府、上级人民政府统计机构或者本级人民政府统计机构责令改正，予以通报；有违法所得的，没收违法所得。

第四十二条 地方各级人民政府、县级以上人民政府统计机构或者有关部门及其负责人，侵犯统计机构、统计人员独立行使统计调查、统计报告、统计监督职权，或者采用下发文件、会议布置以及其他方式授意、指使、强令统计调查对象或者其他单位、人员编造虚假统计资料的，由上级人民政府、本级人民政府、上级人民政府统计机构或者本级人民政府统计机构责令改正，予以通报。

第四十三条 县级以上人民政府统计机构或者有关部门在组织实施统计调查活动中有下列行为之一的，由本级人民政府、上级人民政府统计机构或者本级人民政府统计机构责令改正，予以通报：

（一）违法制定、审批或者备案统计调查项目；

（二）未按照规定公布经批准或者备案的统计调查项目及其统计调查制度的主要内容；

（三）未执行国家统计标准；

（四）未执行统计调查制度；

（五）自行修改单个统计调查对象的统计资料。

乡、镇统计人员有前款第三项至第五项所列行为的，责令改正，依法给予处分。

第四十四条 县级以上人民政府统计机构或者有关部门违反本条例第二十四条、第二十五条规定公布统计数据的，由本级人民政府、上级人民政府统计机构或者本级人民政府统计机构责令改正，予以通报。

第四十五条 违反国家有关规定对外提供尚未公布的统计资料或者利用尚未公布的统计资料谋取不正当利益的，由任免机关或者监察机关依法给予处分，并由县级以上人民政府统计机构予以通报。

第四十六条 统计机构及其工作人员有下列行为之一的，由本级人民政府或者上级人民政府统计机构责令改正，予以通报：

（一）拒绝、阻碍对统计工作的监督检查和对统计违法行为的查处工作；

（二）包庇、纵容统计违法行为；

（三）向有统计违法行为的单位或者个人通风报信，帮助其逃避查处；

（四）未依法受理、核实、处理对统计违法行为的举报；

（五）泄露对统计违法行为的举报情况。

第四十七条 地方各级人民政府、县级以上人民政府有关部门拒绝、阻碍统计监督检查或者转移、隐匿、篡改、毁弃原始记录和凭证、统计台账、统计调查表及其他相关证明和资料的，由上级人民政府、上级人民政府统计机构或者本级人民政府统计机构责令改正，予以通报。

第四十八条 地方各级人民政府、县级以上人民政府统计机构和有关部门有本条例第四十一条至第四十七条所列违法行为之一的，对直接负责的主管人员和其他直接责任人员，由任免机关或者监察机关依法给予处分。

第四十九条 乡、镇人民政府有统计法第三十八条第一款、第三十九条第一款所列行为之一的，依照统计法第三十八条、第三十九条的规定追究法律责任。

第五十条 下列情形属于统计法第四十一条第二款规定的情节严重行为：

（一）使用暴力或者威胁方法拒绝、阻碍统计调查、统计监督检查；

（二）拒绝、阻碍统计调查、统计监督检查，严重影响相关工作正常开展；

（三）提供不真实、不完整的统计资料，造成严重后果或者恶劣影响；

（四）有统计法第四十一条第一款所列违法行为之一，1 年内被责令改正 3 次以上。

第五十一条 统计违法行为涉嫌犯罪的，县级以上人民政府统计机构应当将案件移送司法机关处理。

第八章 附 则

第五十二条 中华人民共和国境外的组织、个人需要在中华人民共和国境内进行统计调查活动的，应当委托中华人民共和国境内具有涉外统计调查资格的机构进行。涉外统计调查资格应当依法报经批准。统计调查范围限于省、自治区、直辖市行政区域内的，由省级人民政府统计机构审批；统计调查范围跨省、自治区、直辖市行政区域的，由国家统计局审批。

涉外社会调查项目应当依法报经批准。统计调查范围限于省、自治区、直辖市行政区域内的，由省级人民政府统计机构审批；统计调查范围跨省、自治区、直辖市行政区域的，由国家统计局审批。

第五十三条 国家统计局或者省级人民政府统计机构对涉外统计违法行为进行调查，有权采取统计法第三十五条规定的措施。

第五十四条 对违法从事涉外统计调查活动的单位、个人，由国家统计局或者省级人民政府统计机构责令改正或者责令停止调查，有违法所得的，没收违法所得；违法所得 50 万元以上的，并处违法所得1倍以上3倍以下的罚款；违法所得不足50万元或者没有违法所得的，处200万元以下的罚款；情节严重的，暂停或者取消涉外统计调查资格，撤销涉外社会调查项目批准决定；构成犯罪的，依法追究刑事责任。

第五十五条 本条例自2017年8月1日起施行。1987年1月19日国务院批准、1987年2月15日国家统计局公布，2000年6月2日国务院批准修订、2000年6月15日国家统计局公布，2005年12月16日国务院修订的《中华人民共和国统计法实施细则》同时废止。

全国人口普查条例

（2010年5月12日国务院第111次常务会议通过 2010年5月24日中华人民共和国国务院令第576号公布 自2010年6月1日起施行）

第一章 总 则

第一条 为了科学、有效地组织实施全国人口普查，保障人口普查数据的真实性、准确性、完整性和及时性，根据《中华人民共和国统计法》，制定本条例。

第二条 人口普查的目的是全面掌握全国人口的基本情况，为研究制定人口政策和经济社会发展规划提供依据，为社会公众提供人口统计信息服务。

第三条 人口普查工作按照全国统一领导、部门分工协作、地方分级负责、各方共同参与的原则组织实施。

国务院统一领导全国人口普查工作，研究决定人口普查中的重大问题。地方各级人民政府按照国务院的统一规定和要求，领导本行政区域的人口普查工作。

在人口普查工作期间，各级人民政府设立由统计机构和有关部门组成的人口普查机构（以下简称普查机构），负责人口普查的组织实施工作。

村民委员会、居民委员会应当协助所在地人民政府动员和组织社会力量，做好本区域的人口普查工作。

国家机关、社会团体、企业事业单位应当按照《中华人民共和国统计法》和本条例的规定，参与并配合人口普查工作。

第四条 人口普查对象应当按照《中华人民共和国统计法》和本条例的规定，真实、准确、完整、及时地提供人口普查所需的资料。

人口普查对象提供的资料，应当依法予以保密。

第五条 普查机构和普查机构工作人员、普查指导员、普查员（以下统称普查人员）依法独立行使调查、报告、监督的职权，任何单位和个人不得干涉。

地方各级人民政府、各部门、各单位及其负责人，不得自行修改普查机构和普查人员依法搜集、整理的人口普查资料，不得以任何方式要求普查机构和普查人员及其他单位和个人伪造、篡改人口普查资料，不得对依法履行职责或者拒绝、抵制人口普查违法行为的普查人员打击报复。

第六条 各级人民政府应当利用报刊、广播、电视、互联网和户外广告等媒介，开展人口普查的宣传动员工作。

第七条 人口普查所需经费，由国务院和地方各级人民政府共同负担，并列入相应年度的财政预算，按时拨付，确保足额到位。

人口普查经费应当统一管理、专款专用，从严控制支出。

第八条 人口普查每10年进行一次，尾数逢0的年份为普查年度，标准时点为普查年度的11月1日零时。

第九条 国家统计局会同国务院有关部门制定全国人口普查

方案（以下简称普查方案），报国务院批准。

人口普查应当按照普查方案的规定执行。

第十条 对认真执行本条例，忠于职守、坚持原则，做出显著成绩的单位和个人，按照国家有关规定给予表彰和奖励。

第二章 人口普查的对象、内容和方法

第十一条 人口普查对象是指普查标准时点在中华人民共和国境内的自然人以及在中华人民共和国境外但未定居的中国公民，不包括在中华人民共和国境内短期停留的境外人员。

第十二条 人口普查主要调查人口和住户的基本情况，内容包括姓名、性别、年龄、民族、国籍、受教育程度、行业、职业、迁移流动、社会保障、婚姻、生育、死亡、住房情况等。

第十三条 人口普查采用全面调查的方法，以户为单位进行登记。

第十四条 人口普查采用国家统计分类标准。

第三章 人口普查的组织实施

第十五条 人口普查登记前，公安机关应当按照普查方案的规定完成户口整顿工作，并将有关资料提交本级人口普查机构。

第十六条 人口普查登记前应当划分普查区，普查区以村民委员会、居民委员会所辖区域为基础划分，每个普查区划分为若干普查小区。

第十七条 每个普查小区应当至少有一名普查员，负责入户登记等普查工作。每个普查区应当至少有一名普查指导员，负责安排、指导、督促和检查普查员的工作，也可以直接进行入户登记。

第十八条 普查指导员和普查员应当具有初中以上文化水平，身体健康，责任心强。

第十九条　普查指导员和普查员可以从国家机关、社会团体、企业事业单位借调，也可以从村民委员会、居民委员会或者社会招聘。借调和招聘工作由县级人民政府负责。

国家鼓励符合条件的公民作为志愿者参与人口普查工作。

第二十条　借调的普查指导员和普查员的工资由原单位支付，其福利待遇保持不变，并保留其原有工作岗位。

招聘的普查指导员和普查员的劳动报酬，在人口普查经费中予以安排，由聘用单位支付。

第二十一条　普查机构应当对普查指导员和普查员进行业务培训，并对考核合格的人员颁发全国统一的普查指导员证或者普查员证。

普查指导员和普查员执行人口普查任务时，应当出示普查指导员证或者普查员证。

第二十二条　人口普查登记前，普查指导员、普查员应当绘制普查小区图，编制普查小区户主姓名底册。

第二十三条　普查指导员、普查员入户登记时，应当向人口普查对象说明人口普查的目的、法律依据以及人口普查对象的权利和义务。

第二十四条　人口普查对象应当按时提供人口普查所需的资料，如实回答相关问题，不得隐瞒有关情况，不得提供虚假信息，不得拒绝或者阻碍人口普查工作。

第二十五条　人口普查对象应当在普查表上签字或者盖章确认，并对其内容的真实性负责。

第二十六条　普查人员应当坚持实事求是，恪守职业道德，拒绝、抵制人口普查工作中的违法行为。

普查机构和普查人员不得伪造、篡改普查资料，不得以任何方式要求任何单位和个人提供虚假的普查资料。

第二十七条　人口普查实行质量控制岗位责任制，普查机构应当对人口普查实施中的每个环节实行质量控制和检查，对人口普查数据进行审核、复查和验收。

第二十八条 国家统计局统一组织人口普查数据的事后质量抽查工作。

第四章 人口普查资料的管理和公布

第二十九条 地方各级普查机构应当按照普查方案的规定进行数据处理，并按时上报人口普查资料。

第三十条 人口普查汇总资料，除依法应当保密的外，应当予以公布。

全国和各省、自治区、直辖市主要人口普查数据，由国家统计局以公报形式公布。

地方人民政府统计机构公布本行政区域主要人口普查数据，应当报经上一级人民政府统计机构核准。

第三十一条 各级人民政府统计机构应当做好人口普查资料的管理、开发和应用，为社会公众提供查询、咨询等服务。

第三十二条 人口普查中获得的原始普查资料，按照国家有关规定保存、销毁。

第三十三条 人口普查中获得的能够识别或者推断单个普查对象身份的资料，任何单位和个人不得对外提供、泄露，不得作为对人口普查对象作出具体行政行为的依据，不得用于人口普查以外的目的。

人口普查数据不得作为对地方人民政府进行政绩考核和责任追究的依据。

第五章 法律责任

第三十四条 地方人民政府、政府统计机构或者有关部门、单位的负责人有下列行为之一的，由任免机关或者监察机关依法给予处分，并由县级以上人民政府统计机构予以通报；构成犯罪的，依法追究刑事责任：

（一）自行修改人口普查资料、编造虚假人口普查数据的；

（二）要求有关单位和个人伪造、篡改人口普查资料的；

（三）不按照国家有关规定保存、销毁人口普查资料的；

（四）违法公布人口普查资料的；

（五）对依法履行职责或者拒绝、抵制人口普查违法行为的普查人员打击报复的；

（六）对本地方、本部门、本单位发生的严重人口普查违法行为失察的。

第三十五条 普查机构在组织实施人口普查活动中有下列违法行为之一的，由本级人民政府或者上级人民政府统计机构责令改正，予以通报；对直接负责的主管人员和其他直接责任人员，由任免机关或者监察机关依法给予处分：

（一）不执行普查方案的；

（二）伪造、篡改人口普查资料的；

（三）要求人口普查对象提供不真实的人口普查资料的；

（四）未按照普查方案的规定报送人口普查资料的；

（五）违反国家有关规定，造成人口普查资料毁损、灭失的；

（六）泄露或者向他人提供能够识别或者推断单个普查对象身份的资料的。

普查人员有前款所列行为之一的，责令其停止执行人口普查任务，予以通报，依法给予处分。

第三十六条 人口普查对象拒绝提供人口普查所需的资料，或者提供不真实、不完整的人口普查资料的，由县级以上人民政府统计机构责令改正，予以批评教育。

人口普查对象阻碍普查机构和普查人员依法开展人口普查工作，构成违反治安管理行为的，由公安机关依法给予处罚。

第三十七条 县级以上人民政府统计机构应当设立举报电话和信箱，接受社会各界对人口普查违法行为的检举和监督。

第六章 附 则

第三十八条 中国人民解放军现役军人、人民武装警察等人员的普查内容和方法，由国家统计局会同国务院有关部门、军队有关部门规定。

交通极为不便地区的人口普查登记的时间和方法，由国家统计局会同国务院有关部门规定。

第三十九条 香港特别行政区、澳门特别行政区的人口数，按照香港特别行政区政府、澳门特别行政区政府公布的资料计算。

台湾地区的人口数，按照台湾地区有关主管部门公布的资料计算。

第四十条 为及时掌握人口发展变化情况，在两次人口普查之间进行全国1%人口抽样调查。全国1%人口抽样调查参照本条例执行。

第四十一条 本条例自2010年6月1日起施行。

全国农业普查条例

（2006年8月23日中华人民共和国国务院令第473号公布 自公布之日起施行）

第一章 总 则

第一条 为了科学、有效地组织实施全国农业普查，保障农业普查数据的准确性和及时性，根据《中华人民共和国统计法》，制定本条例。

附录

第二条 农业普查的目的，是全面掌握我国农业、农村和农民的基本情况，为研究制定经济社会发展战略、规划、政策和科学决策提供依据，并为农业生产经营者和社会公众提供统计信息服务。

第三条 农业普查工作按照全国统一领导、部门分工协作、地方分级负责的原则组织实施。

第四条 国家机关、社会团体以及与农业普查有关的单位和个人，应当依照《中华人民共和国统计法》和本条例的规定，积极参与并密切配合农业普查工作。

第五条 各级农业普查领导小组办公室（以下简称普查办公室）和普查办公室工作人员、普查指导员、普查员（以下统称普查人员）依法独立行使调查、报告、监督的职权，任何单位和个人不得干涉。

各地方、各部门、各单位的领导人对普查办公室和普查人员依法提供的农业普查资料不得自行修改，不得强令、授意普查办公室、普查人员和普查对象篡改农业普查资料或者编造虚假数据，不得对拒绝、抵制篡改农业普查资料或者拒绝、抵制编造虚假数据的人员打击报复。

第六条 各级宣传部门应当充分利用报刊、广播、电视、互联网和户外广告等媒体，采取多种形式，认真做好农业普查的宣传动员工作。

第七条 农业普查所需经费，由中央和地方各级人民政府共同负担，并列入相应年度的财政预算，按时拨付，确保足额到位。

农业普查经费应当统一管理、专款专用、从严控制支出。

第八条 农业普查每10年进行一次，尾数逢6的年份为普查年度，标准时点为普查年度的12月31日24时。特殊地区的普查登记时间经国务院农业普查领导小组办公室批准，可以适当调整。

第二章　农业普查的对象、范围和内容

第九条　农业普查对象是在中华人民共和国境内的下列个人和单位：

（一）农村住户，包括农村农业生产经营户和其他住户；

（二）城镇农业生产经营户；

（三）农业生产经营单位；

（四）村民委员会；

（五）乡镇人民政府。

第十条　农业普查对象应当如实回答普查人员的询问，按时填报农业普查表，不得虚报、瞒报、拒报和迟报。

农业普查对象应当配合县级以上人民政府统计机构和国家统计局派出的调查队依法进行的监督检查，如实反映情况，提供有关资料，不得拒绝、推诿和阻挠检查，不得转移、隐匿、篡改、毁弃原始记录、统计台账、普查表、会计资料及其他相关资料。

第十一条　农业普查行业范围包括：农作物种植业、林业、畜牧业、渔业和农林牧渔服务业。

第十二条　农业普查内容包括：农业生产条件、农业生产经营活动、农业土地利用、农村劳动力及就业、农村基础设施、农村社会服务、农民生活，以及乡镇、村民委员会和社区环境等情况。

前款规定的农业普查内容，国务院农业普查领导小组办公室可以根据具体情况进行调整。

第十三条　农业普查采用全面调查的方法。国务院农业普查领导小组办公室可以决定对特定内容采用抽样调查的方法。

第十四条　农业普查采用国家统计分类标准。

第十五条　农业普查方案由国务院农业普查领导小组办公室

统一制订。

省级普查办公室可以根据需要增设农业普查附表，报经国务院农业普查领导小组办公室批准后实施。

第三章　农业普查的组织实施

第十六条　国务院设立农业普查领导小组及其办公室。国务院农业普查领导小组负责组织和领导全国农业普查工作。国务院农业普查领导小组办公室设在国家统计局，具体负责农业普查日常工作的组织和协调。

第十七条　地方各级人民政府设立农业普查领导小组及其办公室，按照国务院农业普查领导小组及其办公室的统一规定和要求，负责本行政区域内农业普查的组织实施工作。国家统计局派出的调查队作为农业普查领导小组及其办公室的成员单位，参与农业普查的组织实施工作。

村民委员会应当在乡镇人民政府的指导下做好本区域内的农业普查工作。

第十八条　国务院和地方各级人民政府的有关部门应当积极参与并密切配合普查办公室开展农业普查工作。

军队、武警部队所属农业生产单位的农业普查工作，由军队、武警部队分别负责组织实施。

新疆生产建设兵团的农业普查工作，由新疆生产建设兵团农业普查领导小组及其办公室负责组织实施。

第十九条　农村的普查现场登记按普查区进行。普查区以村民委员会管理地域为基础划分，每个普查区可以划分为若干个普查小区。

城镇的普查现场登记，按照普查方案的规定进行。

第二十条　每个普查小区配备一名普查员，负责普查的访问登记工作。每个普查区至少配备一名普查指导员，负责安排、指导和督促检查普查员的工作，也可以直接进行访问登记。

普查指导员和普查员主要由有较高文化水平的乡村干部、村民小组长和其他当地居民担任。

普查指导员和普查员应当身体健康、责任心强。

第二十一条 普查办公室根据工作需要，可以聘用或者从其他有关单位借调人员从事农业普查工作。有关单位应当积极推荐符合条件的人员从事农业普查工作。

聘用人员应当由聘用单位支付劳动报酬。借调人员的工资由原单位支付，其福利待遇保持不变。

农业普查经费中应当对村普查指导员、普查员安排适当的工作补贴。

第二十二条 地方普查办公室应当对普查指导员和普查员进行业务培训，并对考核合格的人员颁发全国统一的普查指导员证或者普查员证。

第二十三条 普查人员有权就与农业普查有关的问题询问有关单位和个人，要求有关单位和个人如实提供有关情况和资料、修改不真实的资料。

第二十四条 普查人员应当坚持实事求是，恪守职业道德，拒绝、抵制农业普查工作中的违法行为。

普查人员应当严格执行普查方案，不得伪造、篡改普查资料，不得强令、授意普查对象提供虚假的普查资料。

普查指导员和普查员执行农业普查任务时，应当出示普查指导员证或者普查员证。

第二十五条 普查员应当依法直接访问普查对象，当场进行询问、填报。普查表填写完成后，应当由普查对象签字或者盖章确认。普查对象应当对其签字或者盖章的普查资料的真实性负责。

普查人员应当对其负责登记、审核、录入的普查资料与普查对象签字或者盖章的普查资料的一致性负责。

普查办公室应当对其加工、整理的普查资料的准确性负责。

第四章　数据处理和质量控制

第二十六条　农业普查数据处理方案和实施办法，由国务院农业普查领导小组办公室制订。

地方普查办公室应当按照数据处理方案和实施办法的规定进行数据处理，并按时上报普查数据。

第二十七条　农业普查的数据处理工作由设区的市级以上普查办公室组织实施。

第二十八条　普查办公室应当做好数据备份和加载入库工作，建立健全农业普查数据库系统，并加强日常管理和维护更新。

第二十九条　国家建立农业普查数据质量控制制度。

普查办公室应当对普查实施中的每个环节实行质量控制和检查验收。

第三十条　普查人员实行质量控制工作责任制。

普查人员应当按照普查方案的规定对普查数据进行审核、复查和验收。

第三十一条　国务院农业普查领导小组办公室统一组织农业普查数据的事后质量抽查工作。抽查结果作为评估全国或者各省、自治区、直辖市农业普查数据质量的重要依据。

第五章　数据公布、资料管理和开发应用

第三十二条　国家建立农业普查资料公布制度。

农业普查汇总资料，除依法予以保密的外，应当及时向社会公布。

全国农业普查数据和各省、自治区、直辖市的主要农业普查

数据，由国务院农业普查领导小组办公室审定并会同国务院有关部门公布。

地方普查办公室发布普查公报，应当报经上一级普查办公室核准。

第三十三条 普查办公室和普查人员对在农业普查工作中搜集的单个普查对象的资料，应予保密，不得用于普查以外的目的。

第三十四条 普查办公室应当做好农业普查资料的保存、管理和为社会公众提供服务等工作，并对农业普查资料进行开发和应用。

第三十五条 县级以上各级人民政府统计机构和有关部门可以根据农业普查结果，对有关常规统计的历史数据进行修正，具体办法由国家统计局规定。

第六章 表彰和处罚

第三十六条 对认真执行本条例，忠于职守，坚持原则，做出显著成绩的单位和个人，应当给予奖励。

第三十七条 地方、部门、单位的领导人自行修改农业普查资料，强令、授意普查办公室、普查人员和普查对象篡改农业普查资料或者编造虚假数据，对拒绝、抵制篡改农业普查资料或者拒绝、抵制编造虚假数据的人员打击报复的，依法给予行政处分或者纪律处分，并由县级以上人民政府统计机构或者国家统计局派出的调查队给予通报批评；构成犯罪的，依法追究刑事责任。

第三十八条 普查人员不执行普查方案，伪造、篡改普查资料，强令、授意普查对象提供虚假普查资料的，由县级以上人民政府统计机构或者国家统计局派出的调查队责令改正，依法给予行政处分或者纪律处分，并可以给予通报批评。

第三十九条 农业普查对象有下列违法行为之一的，由县级以上人民政府统计机构或者国家统计局派出的调查队责令改正，给予通报批评；情节严重的，对负有直接责任的主管人员和其他直接责任人员依法给予行政处分或者纪律处分：

（一）拒绝或者妨碍普查办公室、普查人员依法进行调查的；

（二）提供虚假或者不完整的农业普查资料的；

（三）未按时提供与农业普查有关的资料，经催报后仍未提供的；

（四）拒绝、推诿和阻挠依法进行的农业普查执法检查的；

（五）在接受农业普查执法检查时，转移、隐匿、篡改、毁弃原始记录、统计台账、普查表、会计资料及其他相关资料的。

农业生产经营单位有前款所列违法行为之一的，由县级以上人民政府统计机构或者国家统计局派出的调查队予以警告，并可以处 5 万元以下罚款；农业生产经营户有前款所列违法行为之一的，由县级以上人民政府统计机构或者国家统计局派出的调查队予以警告，并可以处 1 万元以下罚款。

农业普查对象有本条第一款第（一）、（四）项所列违法行为之一的，由公安机关依法给予治安管理处罚。

第四十条 普查人员失职、渎职等造成严重后果的，应当依法给予行政处分或者纪律处分，并可以由县级以上人民政府统计机构或者国家统计局派出的调查队给予通报批评。

第四十一条 普查办公室应当设立举报电话和信箱，接受社会各界对农业普查违法行为的检举和监督，并对举报有功人员给予奖励。

第七章 附 则

第四十二条 本条例自公布之日起施行。

全国经济普查条例

（2004年9月5日中华人民共和国国务院令第415号公布　根据2018年8月11日《国务院关于修改〈全国经济普查条例〉的决定》修订）

第一章　总　　则

第一条　为了科学、有效地组织实施全国经济普查，保障经济普查数据的准确性和及时性，根据《中华人民共和国统计法》，制定本条例。

第二条　经济普查的目的，是为了全面掌握我国第二产业、第三产业的发展规模、结构和效益等情况，建立健全基本单位名录库及其数据库系统，为研究制定国民经济和社会发展规划，提高决策和管理水平奠定基础。

第三条　经济普查工作按照全国统一领导、部门分工协作、地方分级负责、各方共同参与的原则组织实施。

第四条　国家机关、社会团体、企业事业单位、其他组织和个体经营户应当依照《中华人民共和国统计法》和本条例的规定，积极参与并密切配合经济普查工作。

第五条　各级宣传部门应当充分利用报刊、广播、电视、互联网和户外广告等媒体，认真做好经济普查的社会宣传、动员工作。

第六条　经济普查所需经费，由中央和地方各级人民政府共同负担，并列入相应年度的财政预算，按时拨付，确保到位。

经济普查经费应当统一管理、专款专用，从严控制支出。

第七条　经济普查每5年进行一次，标准时点为普查年份的12月31日。

第二章　经济普查对象、范围和方法

第八条　经济普查对象是在中华人民共和国境内从事第二产业、第三产业活动的全部法人单位、产业活动单位和个体经营户。

第九条　经济普查对象有义务接受经济普查机构和经济普查人员依法进行的调查。

经济普查对象应当如实、按时填报经济普查表，不得虚报、瞒报、拒报和迟报经济普查数据。

经济普查对象应当按照经济普查机构和经济普查人员的要求，及时提供与经济普查有关的资料。

第十条　经济普查的行业范围为第二产业、第三产业所涵盖的行业，具体行业分类依照以国家标准形式公布的《国民经济行业分类》执行。

第十一条　经济普查采用全面调查的方法，但对小微企业和个体经营户的生产经营情况等可以采用抽样调查的方法。

经济普查应当充分利用行政记录等资料。

第三章　经济普查表式、主要内容和标准

第十二条　经济普查按照对象的不同类型，设置法人单位调查表、产业活动单位调查表和个体经营户调查表。

第十三条　经济普查的主要内容包括：单位基本属性、从业人员、财务状况、生产经营情况、生产能力、原材料和能源消耗、科技活动情况等。

第十四条　经济普查采用国家规定的统计分类标准和目录。

第四章　经济普查的组织实施

第十五条　国务院设立经济普查领导小组及其办公室。国务

院经济普查领导小组负责经济普查的组织和实施。领导小组办公室设在国家统计局，具体负责经济普查的日常组织和协调。

国务院各有关部门应当各负其责、密切配合，认真做好相关工作。

第十六条 地方各级人民政府设立经济普查领导小组及其办公室，按照国务院经济普查领导小组及其办公室的统一规定和要求，具体组织实施当地的经济普查工作。

街道办事处和居（村）民委员会应当广泛动员和组织社会力量积极参与并认真做好经济普查工作。

第十七条 国务院和地方各级人民政府有关部门设立经济普查机构，负责完成国务院和本级地方人民政府经济普查领导小组办公室指定的经济普查任务。

第十八条 大型企业应当设立经济普查机构，负责本企业经济普查表的填报工作。其他各类法人单位应当指定相关人员负责本单位经济普查表的填报工作。

第十九条 地方各级经济普查机构应当根据工作需要，聘用或者从有关单位商调普查指导员和普查员。各有关单位应当积极推荐符合条件的人员担任普查指导员和普查员。

普查指导员和普查员应当身体健康、责任心强并具有相应的专业知识。

第二十条 聘用人员应当由当地经济普查机构支付劳动报酬。商调人员的工资由原单位支付，其福利待遇保持不变。

第二十一条 地方各级经济普查机构应当统一对普查指导员和普查员进行业务培训，并经考核合格后颁发普查指导员证或者普查员证。普查指导员和普查员在执行经济普查任务时，应当主动出示证件。

普查员负责组织指导经济普查对象填报经济普查表，普查指导员负责指导、检查普查员的工作。

第二十二条 普查指导员和普查员有权查阅法人单位、产业活动单位和个体经营户与经济普查有关的财务会计、统计和业务核算等相关原始资料及有关经营证件，有权要求经济普查对象改正其经济普查表中不确实的内容。

第二十三条 各级经济普查机构在经济普查准备阶段应当进行单位清查，准确界定经济普查表的种类。

各级编制、民政、税务、市场监管以及其他具有单位设立审批、登记职能的部门，负责向同级经济普查机构提供其审批或者登记的单位资料，并共同做好单位清查工作。

县级经济普查机构以本地区现有基本单位名录库为基础，结合有关部门提供的单位资料，按照经济普查小区逐一核实清查，形成经济普查单位名录。

第二十四条 各级经济普查机构应当按照清查形成的单位名录，做好经济普查数据的采集、审核和上报等工作。

法人单位填报法人单位调查表，并负责组织其下属的产业活动单位填报产业活动单位调查表。

第二十五条 各级经济普查机构和经济普查人员依法独立行使调查、报告、监督的职权，任何单位和个人不得干涉。

各地方、各部门、各单位的领导人对经济普查机构和经济普查人员依法提供的经济普查资料不得自行修改，不得强令或者授意经济普查机构、经济普查人员篡改经济普查资料或者编造虚假数据。

第五章 数据处理和质量控制

第二十六条 经济普查的数据处理工作由县级以上各级经济普查机构组织实施。

国务院经济普查领导小组办公室负责提供各地方使用的数据处理标准和程序。

地方各级经济普查机构按照国务院经济普查领导小组办公室的统一要求和标准进行数据处理，并上报经济普查数据。

第二十七条　经济普查数据处理结束后，各级经济普查机构应当做好数据备份和数据入库工作，建立健全基本单位名录库及其数据库系统，并强化日常管理和维护更新。

第二十八条　地方各级经济普查机构应当根据国务院经济普查领导小组办公室的统一规定，建立经济普查数据质量控制岗位责任制，并对经济普查实施中的每个环节实行质量控制和检查验收。

第二十九条　国务院经济普查领导小组办公室统一组织经济普查数据的质量抽查工作，抽查结果作为评估全国及各地区经济普查数据质量的主要依据。

各级经济普查机构应当对经济普查的汇总数据进行认真分析和综合评估。

第六章　数据公布、资料管理和开发应用

第三十条　各级经济普查机构应当按照国家规定发布经济普查公报。

地方各级经济普查机构发布经济普查公报应当经上一级经济普查机构核准。

第三十一条　各级经济普查机构应当认真做好经济普查资料的保存、管理和对社会公众提供服务等项工作，并对经济普查资料进行开发和应用。

第三十二条　各级经济普查机构及其工作人员对在经济普查中所知悉的国家秘密和经济普查对象的商业秘密、个人信息，应当依法履行保密义务。

第三十三条　经济普查取得的单位和个人资料，严格限定用

于经济普查的目的，不作为任何单位对经济普查对象实施处罚的依据。

第七章　表彰和处罚

第三十四条　对在经济普查工作中贡献突出的先进集体和先进个人，由各级经济普查机构给予表彰和奖励。

第三十五条　地方、部门、单位的领导人自行修改经济普查资料、编造虚假数据或者强令、授意经济普查机构、经济普查人员篡改经济普查资料或者编造虚假数据的，依法给予处分，并由县级以上人民政府统计机构予以通报。

经济普查人员参与篡改经济普查资料、编造虚假数据的，由县级以上人民政府统计机构责令改正，依法给予处分，或者建议有关部门、单位依法给予处分。

第三十六条　经济普查对象（个体经营户除外）有下列行为之一的，由县级以上人民政府统计机构责令改正，给予警告，可以予以通报；其直接负责的主管人员和其他直接责任人员属于国家工作人员的，依法给予处分：

（一）拒绝或者妨碍接受经济普查机构、经济普查人员依法进行的调查的；

（二）提供虚假或者不完整的经济普查资料的；

（三）未按时提供与经济普查有关的资料，经催报后仍未提供的。

企业事业单位或者其他组织有前款所列行为之一的，可以并处 5 万元以下的罚款；情节严重的，并处 5 万元以上 20 万元以下的罚款。

个体经营户有本条第一款所列行为之一的，由县级以上人民政府统计机构责令改正，给予警告，可以并处 1 万元以下的罚款。

第三十七条 各级经济普查机构应当设立举报电话，接受社会各界对经济普查中单位和个人违法行为的检举和监督，并对举报有功人员给予奖励。

第八章 附 则

第三十八条 本条例自公布之日起施行。

中华人民共和国海关统计条例

（2005 年 12 月 25 日中华人民共和国国务院令第 454 号公布 根据 2022 年 3 月 29 日《国务院关于修改和废止部分行政法规的决定》修订）

第一条 为了科学、有效地开展海关统计工作，保障海关统计的准确性、及时性、完整性，根据《中华人民共和国海关法》和《中华人民共和国统计法》的有关规定，制定本条例。

第二条 海关统计是海关依法对进出口货物贸易的统计，是国民经济统计的组成部分。

海关统计的任务是对进出口货物贸易进行统计调查、统计分析和统计监督，进行进出口监测预警，编制、管理和公布海关统计资料，提供统计服务。

第三条 海关总署负责组织、管理全国海关统计工作。

海关统计机构、统计人员应当依照《中华人民共和国统计法》、《中华人民共和国统计法实施条例》及本条例的规定履行职责。

第四条 实际进出境并引起境内物质存量增加或者减少的货物，列入海关统计。

进出境物品超过自用、合理数量的，列入海关统计。

第五条 下列进出口货物不列入海关统计：

（一）过境、转运和通运货物；

（二）暂时进出口货物；

（三）货币及货币用黄金；

（四）租赁期1年以下的租赁进出口货物；

（五）因残损、短少、品质不良或者规格不符而免费补偿或者更换的进出口货物；

（六）海关总署规定的不列入海关统计的其他货物。

第六条 进出口货物的统计项目包括：

（一）品名及编码；

（二）数量、价格；

（三）进出口货物收发货人；

（四）贸易方式；

（五）运输方式；

（六）进口货物的原产国（地区）、启运国（地区）、境内目的地；

（七）出口货物的最终目的国（地区）、运抵国（地区）、境内货源地；

（八）进出口日期；

（九）关别；

（十）海关总署规定的其他统计项目。

根据国民经济发展和海关监管需要，海关总署可以对统计项目进行调整。

第七条 进出口货物的品名及编码，按照《中华人民共和国海关统计商品目录》归类统计。

进出口货物的数量，按照《中华人民共和国海关统计商品目录》规定的计量单位统计。

《中华人民共和国海关统计商品目录》由海关总署公布。

第八条 进口货物的价格，按照货价、货物运抵中华人民共和国境内输入地点起卸前的运输及其相关费用、保险费之和统计。

出口货物的价格，按照货价、货物运抵中华人民共和国境内输出地点装卸前的运输及其相关费用、保险费之和统计，其中包含的出口关税税额，应当予以扣除。

第九条 进口货物，应当分别统计其原产国（地区）、启运国（地区）和境内目的地。

出口货物，应当分别统计其最终目的国（地区）、运抵国（地区）和境内货源地。

第十条 进出口货物收发货人，按照从事进出口经营活动的法人、其他组织或者个人统计。

第十一条 进出口货物的贸易方式，按照海关监管要求分类统计。

第十二条 进出口货物的运输方式，按照货物进出境时的运输方式统计，包括水路运输、铁路运输、公路运输、航空运输及其他运输方式。

第十三条 进口货物的日期，按照海关放行的日期统计；出口货物的日期，按照办结海关手续的日期统计。

第十四条 进出口货物由接受申报的海关负责统计。

第十五条 海关统计资料包括海关统计原始资料以及以原始资料为基础采集、整理的相关统计信息。

前款所称海关统计原始资料，是指经海关确认的进出口货物报关单及其他有关单证。

第十六条 海关总署应当定期、无偿地向国务院有关部门提供有关综合统计资料。

直属海关应当定期、无偿地向所在地省、自治区、直辖市人民政府有关部门提供有关综合统计资料。

第十七条 海关应当建立统计资料定期公布制度，向社会公布海关统计信息。

海关可以根据社会公众的需要，提供统计服务。

第十八条 海关统计人员对在统计过程中知悉的国家秘密、商业秘密负有保密义务。

第十九条 当事人有权在保存期限内查询自己申报的海关统计原始资料及相关信息，对查询结果有疑问的，可以向海关申请核实，海关应当予以核实，并解答有关问题。

第二十条 海关对当事人依法应当申报的项目有疑问的，可以向当事人提出查询，当事人应当及时作出答复。

第二十一条 依法应当申报的项目未申报或者申报不实影响海关统计准确性的，海关应当责令当事人予以更正，需要予以行政处罚的，依照《中华人民共和国海关行政处罚实施条例》的规定予以处罚。

第二十二条 本条例自 2006 年 3 月 1 日起施行。

国际收支统计申报办法

（1995 年 8 月 30 日国务院批准　1995 年 9 月 14 日中国人民银行发布　根据 2013 年 11 月 9 日《国务院关于修改〈国际收支统计申报办法〉的决定》修订）

第一条 为完善国际收支统计，根据《中华人民共和国统计法》，制定本办法。

第二条 国际收支统计申报范围为中国居民与非中国居民之间发生的一切经济交易以及中国居民对外金融资产、负债状况。

第三条 本办法所称中国居民，是指：

（一）在中国境内居留 1 年以上的自然人，外国及香港、澳门、台湾地区在境内的留学生、就医人员、外国驻华使馆领馆外籍工作人员及其家属除外；

（二）中国短期出国人员（在境外居留时间不满1年）、在境外留学人员、就医人员及中国驻外使馆领馆工作人员及其家属；

（三）在中国境内依法成立的企业事业法人（含外商投资企业及外资金融机构）及境外法人的驻华机构（不含国际组织驻华机构、外国驻华使馆领馆）；

（四）中国国家机关（含中国驻外使馆领馆）、团体、部队。

第四条 本办法适用于中国境内所有地区，包括在中国境内设立的保税区和保税仓库等。

第五条 国家外汇管理局按照《中华人民共和国统计法》规定的程序，负责组织实施国际收支统计申报，并进行监督、检查；统计、汇总并公布国际收支状况和国际投资状况；制定、修改本办法的实施细则；制发国际收支统计申报单及报表。政府有关部门应当协助国际收支统计申报工作。

第六条 国际收支统计申报实行交易主体申报的原则，采取间接申报与直接申报、逐笔申报与定期申报相结合的办法。

第七条 中国居民和在中国境内发生经济交易的非中国居民应当按照规定及时、准确、完整地申报国际收支信息。

第八条 中国居民通过境内金融机构与非中国居民进行交易的，应当通过该金融机构向国家外汇管理局或其分支局申报交易内容。

第九条 中国境内提供登记结算、托管等服务的机构和自营或者代理客户进行对外证券、期货、期权等交易的交易商，应当向国家外汇管理局或其分支局申报对外交易及相应的收支和分红派息情况。

第十条 中国境内各类金融机构应当直接向国家外汇管理局或其分支局申报其自营对外业务情况，包括其对外金融资产、负债及其变动情况，相应的利润、利息收支情况，以及对外金融服务收支和其他收支情况；并履行与中国居民和非中国居民通过其进行国际收支统计申报活动有关的义务。

第十一条 在中国境外开立账户的中国非金融机构，应当直接向国家外汇管理局或其分支局申报其通过境外账户与非中国居民发生的交易及账户余额。

第十二条 中国境内的外商投资企业、在境外有直接投资的企业及其他有对外金融资产、负债的非金融机构，必须直接向国家外汇管理局或其分支局申报其对外金融资产、负债及其变动情况和相应的利润、股息、利息收支情况。

第十三条 拥有对外金融资产、负债的中国居民个人，应当按照国家外汇管理局的规定申报其对外金融资产、负债的有关情况。

第十四条 国家外汇管理局或其分支局可以就国际收支情况进行抽样调查或者普查。

第十五条 国家外汇管理局或其分支局有权对中国居民和非中国居民申报的内容进行检查、核对，申报人及有关机构和个人应当提供检查、核对所需的资料和便利。

第十六条 国家外汇管理局及其分支局应当对申报者申报的具体数据严格保密，只将其用于国际收支统计。除法律另有规定外，国际收支统计人员不得以任何形式向任何机构和个人提供申报者申报的具体数据。

银行、交易商以及提供登记结算、托管等服务的机构应当对其在办理业务过程中知悉的申报者申报的具体数据严格保密。

第十七条 中国居民、非中国居民未按照规定进行国际收支统计申报的，由国家外汇管理局或其分支局依照《中华人民共和国外汇管理条例》第四十八条的规定给予处罚。

第十八条 国际收支统计人员违反本办法第十六条规定的，

依法给予处分。

国家外汇管理局或其分支局，银行、交易商以及提供登记结算、托管等服务的机构违反本办法第十六条规定的，依法追究法律责任。

第十九条 国家外汇管理局根据本办法制定《国际收支统计申报办法实施细则》。

第二十条 本办法自 1996 年 1 月 1 日起施行。

土地调查条例

（2008 年 2 月 7 日中华人民共和国国务院令第 518 号公布 根据 2016 年 2 月 6 日《国务院关于修改部分行政法规的决定》第一次修订 根据 2018 年 3 月 19 日《国务院关于修改和废止部分行政法规的决定》第二次修订）

第一章 总 则

第一条 为了科学、有效地组织实施土地调查，保障土地调查数据的真实性、准确性和及时性，根据《中华人民共和国土地管理法》和《中华人民共和国统计法》，制定本条例。

第二条 土地调查的目的，是全面查清土地资源和利用状况，掌握真实准确的土地基础数据，为科学规划、合理利用、有效保护土地资源，实施最严格的耕地保护制度，加强和改善宏观调控提供依据，促进经济社会全面协调可持续发展。

第三条 土地调查工作按照全国统一领导、部门分工协作、地方分级负责、各方共同参与的原则组织实施。

第四条 土地调查所需经费，由中央和地方各级人民政府共同负担，列入相应年度的财政预算，按时拨付，确保足额到位。

土地调查经费应当统一管理、专款专用、从严控制支出。

第五条 报刊、广播、电视和互联网等新闻媒体，应当及时开展土地调查工作的宣传报道。

第二章 土地调查的内容和方法

第六条 国家根据国民经济和社会发展需要，每10年进行一次全国土地调查；根据土地管理工作的需要，每年进行土地变更调查。

第七条 土地调查包括下列内容：

（一）土地利用现状及变化情况，包括地类、位置、面积、分布等状况；

（二）土地权属及变化情况，包括土地的所有权和使用权状况；

（三）土地条件，包括土地的自然条件、社会经济条件等状况。

进行土地利用现状及变化情况调查时，应当重点调查基本农田现状及变化情况，包括基本农田的数量、分布和保护状况。

第八条 土地调查采用全面调查的方法，综合运用实地调查统计、遥感监测等手段。

第九条 土地调查采用《土地利用现状分类》国家标准、统一的技术规程和按照国家统一标准制作的调查基础图件。

土地调查技术规程，由国务院国土资源主管部门会同国务院有关部门制定。

第三章 土地调查的组织实施

第十条 县级以上人民政府国土资源主管部门会同同级有关部门进行土地调查。

乡（镇）人民政府、街道办事处和村（居）民委员会应当广泛动员和组织社会力量积极参与土地调查工作。

第十一条 县级以上人民政府有关部门应当积极参与和密切配合土地调查工作，依法提供土地调查需要的相关资料。

社会团体以及与土地调查有关的单位和个人应当依照本条例的规定，配合土地调查工作。

第十二条 全国土地调查总体方案由国务院国土资源主管部门会同国务院有关部门拟订，报国务院批准。县级以上地方人民政府国土资源主管部门会同同级有关部门按照国家统一要求，根据本行政区域的土地利用特点，编制地方土地调查实施方案，报上一级人民政府国土资源主管部门备案。

第十三条 在土地调查中，需要面向社会选择专业调查队伍承担的土地调查任务，应当通过招标投标方式组织实施。

承担土地调查任务的单位应当具备以下条件：

（一）具有法人资格；

（二）有与土地调查相关的工作业绩；

（三）有完备的技术和质量管理制度；

（四）有经过培训且考核合格的专业技术人员。

国务院国土资源主管部门应当会同国务院有关部门加强对承担土地调查任务单位的监管和服务。

第十四条 土地调查人员应当坚持实事求是，恪守职业道德，具有执行调查任务所需要的专业知识。

土地调查人员应当接受业务培训，经考核合格领取全国统一的土地调查员工作证。

第十五条 土地调查人员应当严格执行全国土地调查总体方案和地方土地调查实施方案、《土地利用现状分类》国家标准和统一的技术规程，不得伪造、篡改调查资料，不得强令、授意调查对象提供虚假的调查资料。

土地调查人员应当对其登记、审核、录入的调查资料与现场调查资料的一致性负责。

第十六条 土地调查人员依法独立行使调查、报告、监督和检查职权，有权根据工作需要进行现场调查，并按照技术规程进行现场作业。

土地调查人员有权就与调查有关的问题询问有关单位和个人，要求有关单位和个人如实提供相关资料。

土地调查人员进行现场调查、现场作业以及询问有关单位和个人时，应当出示土地调查员工作证。

第十七条 接受调查的有关单位和个人应当如实回答询问，履行现场指界义务，按照要求提供相关资料，不得转移、隐匿、篡改、毁弃原始记录和土地登记簿等相关资料。

第十八条 各地方、各部门、各单位的负责人不得擅自修改土地调查资料、数据，不得强令或者授意土地调查人员篡改调查资料、数据或者编造虚假数据，不得对拒绝、抵制篡改调查资料、数据或者编造虚假数据的土地调查人员打击报复。

第四章 调查成果处理和质量控制

第十九条 土地调查形成下列调查成果：

（一）数据成果；

（二）图件成果；

（三）文字成果；

（四）数据库成果。

第二十条 土地调查成果实行逐级汇交、汇总统计制度。

土地调查数据的处理和上报应当按照全国土地调查总体方案和有关标准进行。

第二十一条 县级以上地方人民政府对本行政区域的土地调查成果质量负总责，主要负责人是第一责任人。

县级以上人民政府国土资源主管部门会同同级有关部门对调

查的各个环节实行质量控制，建立土地调查成果质量控制岗位责任制，切实保证调查的数据、图件和被调查土地实际状况三者一致，并对其加工、整理、汇总的调查成果的准确性负责。

第二十二条 国务院国土资源主管部门会同国务院有关部门统一组织土地调查成果质量的抽查工作。抽查结果作为评价土地调查成果质量的重要依据。

第二十三条 土地调查成果实行分阶段、分级检查验收制度。前一阶段土地调查成果经检查验收合格后，方可开展下一阶段的调查工作。

土地调查成果检查验收办法，由国务院国土资源主管部门会同国务院有关部门制定。

第五章 调查成果公布和应用

第二十四条 国家建立土地调查成果公布制度。

土地调查成果应当向社会公布，并接受公开查询，但依法应当保密的除外。

第二十五条 全国土地调查成果，报国务院批准后公布。

地方土地调查成果，经本级人民政府审核，报上一级人民政府批准后公布。

全国土地调查成果公布后，县级以上地方人民政府方可逐级依次公布本行政区域的土地调查成果。

第二十六条 县级以上人民政府国土资源主管部门会同同级有关部门做好土地调查成果的保存、管理、开发、应用和为社会公众提供服务等工作。

国家通过土地调查，建立互联共享的土地调查数据库，并做好维护、更新工作。

第二十七条 土地调查成果是编制国民经济和社会发展规划以及从事国土资源规划、管理、保护和利用的重要依据。

第二十八条 土地调查成果应当严格管理和规范使用，不作为依照其他法律、行政法规对调查对象实施行政处罚的依据，不作为划分部门职责分工和管理范围的依据。

第六章 表彰和处罚

第二十九条 对在土地调查工作中做出突出贡献的单位和个人，应当按照国家有关规定给予表彰或者奖励。

第三十条 地方、部门、单位的负责人有下列行为之一的，依法给予处分；构成犯罪的，依法追究刑事责任：

（一）擅自修改调查资料、数据的；

（二）强令、授意土地调查人员篡改调查资料、数据或者编造虚假数据的；

（三）对拒绝、抵制篡改调查资料、数据或者编造虚假数据的土地调查人员打击报复的。

第三十一条 土地调查人员不执行全国土地调查总体方案和地方土地调查实施方案、《土地利用现状分类》国家标准和统一的技术规程，或者伪造、篡改调查资料，或者强令、授意接受调查的有关单位和个人提供虚假调查资料的，依法给予处分，并由县级以上人民政府国土资源主管部门、统计机构予以通报批评。

第三十二条 接受调查的单位和个人有下列行为之一的，由县级以上人民政府国土资源主管部门责令限期改正，可以处5万元以下的罚款；构成违反治安管理行为的，由公安机关依法给予治安管理处罚；构成犯罪的，依法追究刑事责任：

（一）拒绝或者阻挠土地调查人员依法进行调查的；

（二）提供虚假调查资料的；

（三）拒绝提供调查资料的；

（四）转移、隐匿、篡改、毁弃原始记录、土地登记簿等相关资料的。

第三十三条 县级以上地方人民政府有下列行为之一的，由上级人民政府予以通报批评；情节严重的，对直接负责的主管人员和其他直接责任人员依法给予处分：

（一）未按期完成土地调查工作，被责令限期完成，逾期仍未完成的；

（二）提供的土地调查数据失真，被责令限期改正，逾期仍未改正的。

第七章 附 则

第三十四条 军用土地调查，由国务院国土资源主管部门会同军队有关部门按照国家统一规定和要求制定具体办法。

中央单位使用土地的调查数据汇总内容的确定和成果的应用管理，由国务院国土资源主管部门会同国务院管理机关事务工作的机构负责。

第三十五条 县级以上人民政府可以按照全国土地调查总体方案和地方土地调查实施方案成立土地调查领导小组，组织和领导土地调查工作。必要时，可以设立土地调查领导小组办公室负责土地调查日常工作。

第三十六条 本条例自公布之日起施行。

全国污染源普查条例

（2007年10月9日中华人民共和国国务院令第508号公布 根据2019年3月2日《国务院关于修改部分行政法规的决定》修订）

第一章 总 则

第一条 为了科学、有效地组织实施全国污染源普查，保障污染源普查数据的准确性和及时性，根据《中华人民共和国统计法》和《中华人民共和国环境保护法》，制定本条例。

第二条 污染源普查的任务是，掌握各类污染源的数量、行业和地区分布情况，了解主要污染物的产生、排放和处理情况，建立健全重点污染源档案、污染源信息数据库和环境统计平台，为制定经济社会发展和环境保护政策、规划提供依据。

第三条 本条例所称污染源，是指因生产、生活和其他活动向环境排放污染物或者对环境产生不良影响的场所、设施、装置以及其他污染发生源。

第四条 污染源普查按照全国统一领导、部门分工协作、地方分级负责、各方共同参与的原则组织实施。

第五条 污染源普查所需经费，由中央和地方各级人民政府共同负担，并列入相应年度的财政预算，按时拨付，确保足额到位。

污染源普查经费应当统一管理，专款专用，严格控制支出。

第六条 全国污染源普查每10年进行1次，标准时点为普查年份的12月31日。

第七条 报刊、广播、电视和互联网等新闻媒体，应当及时开展污染源普查工作的宣传报道。

第二章　污染源普查的对象、范围、内容和方法

第八条 污染源普查的对象是中华人民共和国境内有污染源的单位和个体经营户。

第九条 污染源普查对象有义务接受污染源普查领导小组办公室、普查人员依法进行的调查，并如实反映情况，提供有关资料，按照要求填报污染源普查表。

污染源普查对象不得迟报、虚报、瞒报和拒报普查数据；不

得推诿、拒绝和阻挠调查；不得转移、隐匿、篡改、毁弃原材料消耗记录、生产记录、污染物治理设施运行记录、污染物排放监测记录以及其他与污染物产生和排放有关的原始资料。

第十条 污染源普查范围包括：工业污染源，农业污染源，生活污染源，集中式污染治理设施和其他产生、排放污染物的设施。

第十一条 工业污染源普查的主要内容包括：企业基本登记信息，原材料消耗情况，产品生产情况，产生污染的设施情况，各类污染物产生、治理、排放和综合利用情况，各类污染防治设施建设、运行情况等。

农业污染源普查的主要内容包括：农业生产规模，用水、排水情况，化肥、农药、饲料和饲料添加剂以及农用薄膜等农业投入品使用情况，秸秆等种植业剩余物处理情况以及养殖业污染物产生、治理情况等。

生活污染源普查的主要内容包括：从事第三产业的单位的基本情况和污染物的产生、排放、治理情况，机动车污染物排放情况，城镇生活能源结构和能源消费量，生活用水量、排水量以及污染物排放情况等。

集中式污染治理设施普查的主要内容包括：设施基本情况和运行状况，污染物的处理处置情况，渗滤液、污泥、焚烧残渣和废气的产生、处置以及利用情况等。

第十二条 每次污染源普查的具体范围和内容，由国务院批准的普查方案确定。

第十三条 污染源普查采用全面调查的方法，必要时可以采用抽样调查的方法。

污染源普查采用全国统一的标准和技术要求。

第三章　污染源普查的组织实施

第十四条　全国污染源普查领导小组负责领导和协调全国污染源普查工作。

全国污染源普查领导小组办公室设在国务院生态环境主管部门，负责全国污染源普查日常工作。

第十五条　县级以上地方人民政府污染源普查领导小组，按照全国污染源普查领导小组的统一规定和要求，领导和协调本行政区域的污染源普查工作。

县级以上地方人民政府污染源普查领导小组办公室设在同级生态环境主管部门，负责本行政区域的污染源普查日常工作。

乡（镇）人民政府、街道办事处和村（居）民委员会应当广泛动员和组织社会力量积极参与并认真做好污染源普查工作。

第十六条　县级以上人民政府生态环境主管部门和其他有关部门，按照职责分工和污染源普查领导小组的统一要求，做好污染源普查相关工作。

第十七条　全国污染源普查方案由全国污染源普查领导小组办公室拟订，经全国污染源普查领导小组审核同意，报国务院批准。

全国污染源普查方案应当包括：普查的具体范围和内容、普查的主要污染物、普查方法、普查的组织实施以及经费预算等。

拟订全国污染源普查方案，应当充分听取有关部门和专家的意见。

第十八条　全国污染源普查领导小组办公室根据全国污染源普查方案拟订污染源普查表，报国家统计局审定。

省、自治区、直辖市人民政府污染源普查领导小组办公室，可以根据需要增设本行政区域污染源普查附表，报全国污染源普查领导小组办公室批准后使用。

第十九条 在普查启动阶段，污染源普查领导小组办公室应当进行单位清查。

县级以上人民政府机构编制、民政、市场监督管理以及其他具有设立审批、登记职能的部门，应当向同级污染源普查领导小组办公室提供其审批或者登记的单位资料，并协助做好单位清查工作。

污染源普查领导小组办公室应当以本行政区域现有的基本单位名录库为基础，按照全国污染源普查方案确定的污染源普查的具体范围，结合有关部门提供的单位资料，对污染源逐一核实清查，形成污染源普查单位名录。

第二十条 列入污染源普查范围的大、中型工业企业，应当明确相关机构负责本企业污染源普查表的填报工作，其他单位应当指定人员负责本单位污染源普查表的填报工作。

第二十一条 污染源普查领导小组办公室可以根据工作需要，聘用或者从有关单位借调人员从事污染源普查工作。

污染源普查领导小组办公室应当与聘用人员依法签订劳动合同，支付劳动报酬，并为其办理社会保险。借调人员的工资由原单位支付，其福利待遇保持不变。

第二十二条 普查人员应当坚持实事求是，恪守职业道德，具有执行普查任务所需要的专业知识。

污染源普查领导小组办公室应当对普查人员进行业务培训，对考核合格的颁发全国统一的普查员工作证。

第二十三条 普查人员依法独立行使调查、报告、监督和检查的职权，有权查阅普查对象的原材料消耗记录、生产记录、污染物治理设施运行记录、污染物排放监测记录以及其他与污染物产生和排放有关的原始资料，并有权要求普查对象改正其填报的污染源普查表中不真实、不完整的内容。

第二十四条 普查人员应当严格执行全国污染源普查方案，

不得伪造、篡改普查资料，不得强令、授意普查对象提供虚假普查资料。

普查人员执行污染源调查任务，不得少于 2 人，并应当出示普查员工作证；未出示普查员工作证的，普查对象可以拒绝接受调查。

第二十五条 普查人员应当依法直接访问普查对象，指导普查对象填报污染源普查表。污染源普查表填写完成后，应当由普查对象签字或者盖章确认。普查对象应当对其签字或者盖章的普查资料的真实性负责。

污染源普查领导小组办公室对其登记、录入的普查资料与普查对象填报的普查资料的一致性负责，并对其加工、整理的普查资料的准确性负责。

污染源普查领导小组办公室在登记、录入、加工和整理普查资料过程中，对普查资料有疑义的，应当向普查对象核实，普查对象应当如实说明或者改正。

第二十六条 各地方、各部门、各单位的负责人不得擅自修改污染源普查领导小组办公室、普查人员依法取得的污染源普查资料；不得强令或者授意污染源普查领导小组办公室、普查人员伪造或者篡改普查资料；不得对拒绝、抵制伪造或者篡改普查资料的普查人员打击报复。

第四章 数据处理和质量控制

第二十七条 污染源普查领导小组办公室应当按照全国污染源普查方案和有关标准、技术要求进行数据处理，并按时上报普查数据。

第二十八条 污染源普查领导小组办公室应当做好污染源普查数据备份和数据入库工作，建立健全污染源信息数据库，并加强日常管理和维护更新。

第二十九条 污染源普查领导小组办公室应当按照全国污染源普查方案，建立污染源普查数据质量控制岗位责任制，并对普查中的每个环节进行质量控制和检查验收。

污染源普查数据不符合全国污染源普查方案或者有关标准、技术要求的，上一级污染源普查领导小组办公室可以要求下一级污染源普查领导小组办公室重新调查，确保普查数据的一致性、真实性和有效性。

第三十条 全国污染源普查领导小组办公室统一组织对污染源普查数据的质量核查。核查结果作为评估全国或者各省、自治区、直辖市污染源普查数据质量的重要依据。

污染源普查数据的质量达不到规定要求的，有关污染源普查领导小组办公室应当在全国污染源普查领导小组办公室规定的时间内重新进行污染源普查。

第五章 数据发布、资料管理和开发应用

第三十一条 全国污染源普查公报，根据全国污染源普查领导小组的决定发布。

地方污染源普查公报，经上一级污染源普查领导小组办公室核准发布。

第三十二条 普查对象提供的资料和污染源普查领导小组办公室加工、整理的资料属于国家秘密的，应当注明秘密的等级，并按照国家有关保密规定处理。

污染源普查领导小组办公室、普查人员对在污染源普查中知悉的普查对象的商业秘密，负有保密义务。

第三十三条 污染源普查领导小组办公室应当建立污染源普查资料档案管理制度。污染源普查资料档案的保管、调用和移交应当遵守国家有关档案管理规定。

第三十四条　国家建立污染源普查资料信息共享制度。

污染源普查领导小组办公室应当在污染源信息数据库的基础上，建立污染源普查资料信息共享平台，促进普查成果的开发和应用。

第三十五条　污染源普查取得的单个普查对象的资料严格限定用于污染源普查目的，不得作为考核普查对象是否完成污染物总量削减计划的依据，不得作为依照其他法律、行政法规对普查对象实施行政处罚和征收排污费的依据。

第六章　表彰和处罚

第三十六条　对在污染源普查工作中做出突出贡献的集体和个人，应当给予表彰和奖励。

第三十七条　地方、部门、单位的负责人有下列行为之一的，依法给予处分，并由县级以上人民政府统计机构予以通报批评；构成犯罪的，依法追究刑事责任：

（一）擅自修改污染源普查资料的；

（二）强令、授意污染源普查领导小组办公室、普查人员伪造或者篡改普查资料的；

（三）对拒绝、抵制伪造或者篡改普查资料的普查人员打击报复的。

第三十八条　普查人员不执行普查方案，或者伪造、篡改普查资料，或者强令、授意普查对象提供虚假普查资料的，依法给予处分。

污染源普查领导小组办公室、普查人员泄露在普查中知悉的普查对象商业秘密的，对直接负责的主管人员和其他直接责任人员依法给予处分；对普查对象造成损害的，应当依法承担民事责任。

第三十九条　污染源普查对象有下列行为之一的，污染源普查领导小组办公室应当及时向同级人民政府统计机构通报有关情况，提出处理意见，由县级以上人民政府统计机构责令改正，予以通报批评；情节严重的，可以建议对直接负责的主管人员和其他直接责任人员依法给予处分：

（一）迟报、虚报、瞒报或者拒报污染源普查数据的；

（二）推诿、拒绝或者阻挠普查人员依法进行调查的；

（三）转移、隐匿、篡改、毁弃原材料消耗记录、生产记录、污染物治理设施运行记录、污染物排放监测记录以及其他与污染物产生和排放有关的原始资料的。

单位有本条第一款所列行为之一的，由县级以上人民政府统计机构予以警告，可以处 5 万元以下的罚款。

个体经营户有本条第一款所列行为之一的，由县级以上人民政府统计机构予以警告，可以处 1 万元以下的罚款。

第四十条 污染源普查领导小组办公室应当设立举报电话和信箱，接受社会各界对污染源普查工作的监督和对违法行为的检举，并对检举有功的人员依法给予奖励，对检举的违法行为，依法予以查处。

第七章 附 则

第四十一条 军队、武装警察部队的污染源普查工作，由中国人民解放军总后勤部按照国家统一规定和要求组织实施。

新疆生产建设兵团的污染源普查工作，由新疆生产建设兵团按照国家统一规定和要求组织实施。

第四十二条 本条例自公布之日起施行。

关于工资总额组成的规定

（1989年9月30日国务院批准　1990年1月1日国家统计局发布

第一章　总　则

第一条　为了统一工资总额的计算范围，保证国家对工资进行统一的统计核算和会计核算，有利于编制、检查计划和进行工资管理以及正确地反映职工的工资收入，制定本规定。

第二条　全民所有制和集体所有制企业、事业单位，各种合营单位，各级国家机关、政党机关和社会团体，在计划、统计、会计上有关工资总额范围的计算，均应遵守本规定。

第三条　工资总额是指各单位在一定时期内直接支付给本单位全部职工的劳动报酬总额。

工资总额的计算应以直接支付给职工的全部劳动报酬为根据。

第二章　工资总额的组成

第四条　工资总额由下列6个部分组成：

（一）计时工资；

（二）计件工资；

（三）奖金；

（四）津贴和补贴；

（五）加班加点工资；

（六）特殊情况下支付的工资。

第五条　计时工资是指按计时工资标准（包括地区生活费补贴）和工作时间支付给个人的劳动报酬。包括：

（一）对已做工作按计时工资标准支付的工资；

（二）实行结构工资制的单位支付给职工的基础工资和职务（岗位）工资；

（三）新参加工作职工的见习工资（学徒的生活费）；

（四）运动员体育津贴。

第六条 计件工资是指对已做工作按计件单价支付的劳动报酬。包括：

（一）实行超额累进计件、直接无限计件、限额计件、超定额计件等工资制，按劳动部门或主管部门批准的定额和计件单价支付给个人的工资；

（二）按工作任务包干方法支付给个人的工资；

（三）按营业额提成或利润提成办法支付给个人的工资。

第七条 奖金是指支付给职工的超额劳动报酬和增收节支的劳动报酬。包括：

（一）生产奖；

（二）节约奖；

（三）劳动竞赛奖；

（四）机关、事业单位的奖励工资；

（五）其他奖金。

第八条 津贴和补贴是指为了补偿职工特殊或额外的劳动消耗和因其他特殊原因支付给职工的津贴，以及为了保证职工工资水平不受物价影响支付给职工的物价补贴。

（一）津贴。包括：补偿职工特殊或额外劳动消耗的津贴，保健性津贴，技术性津贴，年功性津贴及其他津贴。

（二）物价补贴。包括：为保证职工工资水平不受物价上涨或变动影响而支付的各种补贴。

第九条 加班加点工资是指按规定支付的加班工资和加点工资。

第十条 特殊情况下支付的工资。包括：

（一）根据国家法律、法规和政策规定，因病、工伤、产假、计划生育假、婚丧假、事假、探亲假、定期休假、停工学习、执行国家或社会义务等原因按计时工资标准或计时工资标准的一定比例支付的工资；

（二）附加工资、保留工资。

第三章 工资总额不包括的项目

第十一条 下列各项不列入工资总额的范围：

（一）根据国务院发布的有关规定颁发的创造发明奖、自然科学奖、科学技术进步奖和支付的合理化建议和技术改进奖以及支付给运动员、教练员的奖金；

（二）有关劳动保险和职工福利方面的各项费用；

（三）有关离休、退休、退职人员待遇的各项支出；

（四）劳动保护的各项支出；

（五）稿费、讲课费及其他专门工作报酬；

（六）出差伙食补助费、误餐补助、调动工作的旅费和安家费；

（七）对自带工具、牲畜来企业工作职工所支付的工具、牲畜等的补偿费用；

（八）实行租赁经营单位的承租人的风险性补偿收入；

（九）对购买本企业股票和债券的职工所支付的股息（包括股金分红）和利息；

（十）劳动合同制职工解除劳动合同时由企业支付的医疗补助费、生活补助费等；

（十一）因录用临时工而在工资以外向提供劳动力单位支付的手续费或管理费；

（十二）支付给家庭工人的加工费和按加工订货办法支付给

承包单位的发包费用；

（十三）支付给参加企业劳动的在校学生的补贴；

（十四）计划生育独生子女补贴。

第十二条 前条所列各项按照国家规定另行统计。

第四章 附　　则

第十三条 中华人民共和国境内的私营单位、华侨及港、澳、台工商业者经营单位和外商经营单位有关工资总额范围的计算，参照本规定执行。

第十四条 本规定由国家统计局负责解释。

第十五条 各地区、各部门可依据本规定制定有关工资总额组成的具体范围的规定。

第十六条 本规定自发布之日起施行。国务院 1955 年 5 月 21 日批准颁发的《关于工资总额组成的暂行规定》同时废止。

关于统计报表管理的暂行规定

（国家统计局制定　1980 年 11 月 17 日国务院批转）

一、为了使统计报表制度适应社会主义现代化建设的需要，而又不致过多地加重基层单位的负担，防止滥发统计报表，根据国务院关于统计报表要由各级统计部门统一管理的指示，特制订本暂行规定。

二、统计报表，不论是定期性的（包括进度统计）或一次性的（包括类似统计报表的调查提纲），都必须由各级统计部门统一管理，分级负责，严格控制。

三、制发统计报表必须兼顾需要与可能。调查方案的选择，要注意以尽可能少的人力、物力、财力，取得尽可能好的调查效果。凡为社会主义现代化建设所必需，而基层单位和统计部门又确能执行的，方可制发。所制发的报表必须作到：

（1）简明扼要，不烦琐，防止重复、矛盾。

（2）采取多种调查方法反映情况。凡一次性调查能够解决问题的，就不要搞定期报表；凡抽样调查、重点调查、典型调查能够解决问题的，就不要搞全面统计报表。

（3）精简报告次数。凡月报可以满足需要的，就不要搞旬、日报表；凡年报可以满足需要的，就不要搞月、季报表；凡可3、5年统计一次的，就不要搞年报。

（4）充分发挥现有统计资料的作用。凡可以从有关部门搜集到资料的，或者可用现有资料加工整理的，就不要再向基层单位制发统计报表。

（5）要有详细的调查方案，明确规定调查目的、调查方法、统计范围、分类目录、指标解释、计算方法、编报单位、完成期限、受表机关等，以利填报。

（6）要事先经过调查和必要的试点，防止脱离实际，并在实践中不断改进。

四、统计报表的制发权限及审批程序：

（1）全国性的社会经济情况基本统计报表（包括基层表和综合表），由国家统计局制订，并统一下达；或者由国家统计局与有关业务部门联合制订下达。重要的统计报表，应报请国务院批准下达。发往农村人民公社、生产大队和生产队的报表，尤应严格控制。凡国家统计局已经统一下达或与有关业务部门联合下达的报表和指标，各级业务部门都不得重复制发；因特殊需要必须补充某些报表或指标时，须经同级政府统计部门核准。

（2）国务院各业务部门制订的专业统计报表，是对国家统计局制订的社会经济情况基本统计报表的必要补充，必须由各该部门的综合统计机构统一组织、统一审查、统一管理，坚决改变一个部门内各职能机构自行制发统计报表的现象。发到本部门直属和本系统管辖的企业、事业单位的统计报表，由本部门负责人批准下达，并送国家统计局备案；发到非本系统所管辖的企业、事业单位的统计报表，由主办部门负责人签署，送国家统计局核批。

（3）省、市、自治区统计局制订的地区性的统计报表，应报国家统计局备案。重要的统计报表，应报请省、市、自治区人民政府批准下达。

（4）省、市、自治区各业务部门制订的专业统计报表，必须由各该部门的综合统计机构统一组织、统一审查、统一管理。发到本部门直属和本系统管辖的企业、事业单位的统计报表，由本部门负责人批准下达，并送省、市、自治区统计局备案；发到非本系统所管辖的企业、事业单位的统计报表，由主办部门负责人签署，送省、市、自治区统计局核批。

（5）专、市、县统计部门与业务部门制订和审批统计报表的程序，由省、市、自治区统计局根据各该地区的具体情况拟订，报省、市、自治区人民政府批准下达，并送国家统计局备案。

（6）国务院各部门和省、市、自治区领导机关设立的中心工作办公室、各种临时办公室，一般不要直接发统计报表，工作上必需的统计资料，可向有关部门搜集整理。如果确实需要制发少数统计报表，应按上述规定报经同级政府统计部门进行审批。

（7）人民团体、科研机关制发统计报表的审批程序，亦按上述规定办理。

五、各级业务部门制发的专业统计报表，其报表内容、指标解释、计算方法、完成期限等，不得与各级政府统计部门制发的有关统计报表相矛盾，并应避免重复。

国家统计局制订的或者与有关业务部门联合制订的全国性的社会经济情况基本统计报表所规定的统计概念、范围、方法、分类、表式、编号等，各地政府统计部门和各业务部门不得擅自修改变动，以利于全国统一实施。如确需作某些增减变动时，应经国家统计局核准。

六、经批准或备案的统计报表，必须在报表的右上角标明制表机关、批准机关或者备案机关以及批准文号，以便进行管理和监督。

七、各级政府统计部门审批报表，必须认真负责，严格掌握。对送批和报请备案的统计报表，如有不符合本规定第三条至第六条的，各级政府统计部门有权通知制表机关修改或者废止。

八、凡经批准下达的统计报表，有关单位都应认真按照各项规定填报。如有意见，可向制表机关反映，但在未修改变动前，仍应按原规定执行。

凡未按本规定审批和备案，未在报表右上角标明制表机关、批准机关或者备案机关以及批准文号的统计报表，填报单位可拒绝填报，并予揭发检举。

各级领导机关和政府统计部门，对于违反本规定滥发报表的单位，必须认真检查，严肃处理，并制止未经批准的报表的继续执行。

凡滥发统计报表给基层造成损失的，各级政府统计部门应根据情节轻重，给予通报批评，追究责任。

九、各级政府统计部门和业务部门应定期检查和清理统计报表，凡是已经过时的和不适用的统计报表、指标等，都应该及时废止或者修订。每年检查和清理完毕，应将清理结果报告上一级政府统计部门和同级人民政府。

十、国务院各业务部门和各省、市、自治区统计局应根据本规定的原则，拟订实施细则，报国家统计局备案。

附：国务院批转国家统计局关于加强统计报表管理的报告和关于统计报表管理的暂行规定的通知（1980 年 11 月 17 日）

国务院同意国家统计局《关于加强统计报表管理的报告》和《关于统计报表管理的暂行规定》，现发给你们，望认真贯彻执行。

统计报表是了解国民经济情况的一个重要手段。但是，现在统计报表多、乱的情况是比较严重的，如不及时加以制止，势必泛滥成灾，这一点必须引起各级领导机关的密切注意。报表繁多，不仅使基层单位负担过重，造成人力、物力、财力的浪费，而且容易助长官僚主义作风。

为了克服报表多、乱，减轻基层负担，保证党和国家必需的统计资料准确及时地上报，对于那些重复、烦琐、互相矛盾，或者不符合新的情况和新的经济管理体制需要的报表和指标，必须认真加以精简。任何统计调查都要注意用尽可能少的人力、物力、财力，取得尽可能好的调查效果。为此，国务院重申：统计报表要由各级统计部门统一管理，严禁滥发报表，并责成国家统计局负责全国统计报表的管理工作，各地统计部门和各级业务主管部门的统计机构也要把本地区、本部门的统计报表切实管起来。

现在，统计部门力量薄弱，同他们担负的任务很不适应。各地区、各部门要加强对统计工作的领导，健全统计机构，充实统计人员，包括管理报表的人员，以利工作的开展。

关于加强统计报表管理的报告（略）

国家统计局行政处罚信息公示办法

（2023 年 4 月 6 日国家统计局第 5 次局常务会议审议通过　2023 年 4 月 11 日国家统计局公布　国统字〔2023〕49 号　自公布之日起施行）

第一条　为进一步完善统计行政处罚信息公示管理制度，根据《中华人民共和国统计法》《中华人民共和国统计法实施条例》《中华人民共和国行政处罚法》《中华人民共和国政府信息公开条例》《企业信息公示暂行条例》等法律法规以及国务院有关规定，结合统计工作实际，制定本办法。

第二条　本办法适用于统计机构对自然人以外的统计调查对象作出行政处罚决定的信息公示工作。

本办法所称统计机构是指国家统计局及其派出的调查机构。

第三条　公示行政处罚信息，应当坚持依法、客观、及时原则，坚持“公开为常态、不公开为例外”原则，除涉及国家秘密或者其他依法不予公开信息外，都应予以公开，接受社会监督。

第四条　统计机构应当在门户网站公示本单位直接作出的统计行政处罚信息。未开通门户网站的，应当通过当地政府门户网站等其他渠道公示。

适用普通程序作出的行政处罚决定，除警告、通报批评外，应当将行政处罚信息同步推送到“信用中国”网站或者省级信用网站。

第五条　统计机构自作出行政处罚决定之日起 7 个工作日内，组织行政处罚信息上网公示，公示期限为作出行政处罚决定之日起 1 年。

第六条　行政处罚信息公示内容包括：

（一）统计调查对象名称；

（二）统一社会信用代码；

（三）法定代表人或者负责人；

（四）行政处罚决定书文号；

（五）违法事实；

（六）处罚依据；

（七）处罚类别；

（八）处罚内容；

（九）处罚决定日期；

（十）公示截止期；

（十一）处罚机关。

第七条 提前终止公示统计调查对象的行政处罚信息，应当同时满足以下条件：

（一）已经完全履行行政处罚决定规定的义务；

（二）已经改正统计违法行为；

（三）未再次发生统计违法行为；

（四）统计严重失信企业的行政处罚信息公示满 6 个月，其他行政处罚信息公示满 3 个月；

（五）作出统计守信承诺。承诺内容应包括所提交材料真实有效，并明确愿意承担违反承诺的相应责任。

第八条 统计调查对象申请提前终止公示行政处罚信息，应当向作出行政处罚决定的统计机构提出申请，并提交以下材料：

（一）能够证明已履行行政处罚决定书明确的责任义务和改正违法行为的材料；

（二）统计守信承诺书。

统计调查对象申请在“信用中国”网站提前终止公示行政处罚信息的，应当按照有关规定，向国家公共信用信息中心提出申请。

第九条 作出行政处罚决定的统计机构应当在收到统计调查对象提前终止公示申请之日起 20 个工作日内，对是否符合终止公示条件进行核实，并作出决定。材料齐全且符合要求的，作出准予终止公示的决定并应自作出决定之日起 3 个工作日内撤下行政处罚信息；不符合条件的，书面告知统计调查对象，并说明理由。

第十条 统计调查对象在申请提前终止公示中提供虚假材料、信用承诺严重不实或者故意不履行承诺的，记入信用记录，纳入全国信用信息共享平台，相关信用记录在“信用中国”网站公示三年并不得提前终止公示，三年内不得在信用平台网站申请信用信息修复。

第十一条 行政处罚决定被依法变更、撤销、重新作出、确认违法或者确认无效的，作出行政处罚决定的统计机构应当在 3 个工作日内撤下原行政处罚信息，并同步告知“信用中国”网站或者省级信用网站。

第十二条 作出行政处罚决定的统计机构发现公示的行政处罚信息不准确的，应当自发现之日起 2 个工作日内更正。

统计调查对象有证据证明公示的行政处罚信息不准确的，可以要求予以更正。作出行政处罚决定的统计机构经核实予以确认的，应当自核实确认之日起 2 个工作日内更正。

第十三条 统计调查对象认为统计机构在行政处罚信息公示工作中侵犯其合法权益的，可以依法申请行政复议或者提起行政诉讼。

第十四条 国家统计局派出的调查机构未按本办法履行职责的，由上一级统计机构责令改正；情节严重的，依法对负有责任的主管人员和其他直接责任人员追究责任。

第十五条 本办法由国家统计局统计执法监督局负责解释。

第十六条 本办法自印发之日起实施。2019 年 1 月 18 日公布实施的《国家统计局行政处罚信息公示办法（试行）》（国统字〔2019〕9号）同时废止。

统计严重失信企业信用管理办法

（2022年5月19日国家统计局令第35号公布　自公布之日起施行）

第一章　总　　则

第一条　为推进统计领域信用建设，规范统计严重失信企业信用管理，按照党中央、国务院关于推进诚信建设、完善失信约束决策部署，根据《中华人民共和国统计法》《中华人民共和国统计法实施条例》等相关法律法规规定，制定本办法。

第二条　本办法适用于统计机构对企业的统计严重失信行为及其信息进行认定、记录、归集、共享、公开、惩戒和信用修复等活动。

本办法所称统计机构，是指国家统计局及其派出的调查机构、县级以上地方人民政府统计机构。

本办法所称企业，是指在各级人民政府、县级以上人民政府统计机构和有关部门组织实施的统计活动中，承担统计资料报送义务的企业。

第三条　统计严重失信企业信用管理坚持“谁认定、谁管理、谁负责”的原则，按照依法依规、保护权益、审慎适度的总体思路组织实施。

第四条　国家统计局统一领导全国统计严重失信企业信用管理工作。

县级以上地方人民政府统计机构负责本行政区域内统计严重失信企业的信用管理工作。国家统计局派出的调查机构组织实施的统计调查活动中发生的统计严重失信行为，由组织实施该项统计调查的调查机构负责有关企业的信用管理工作。

县级以上人民政府有关部门对其组织实施的统计调查活动中发现的统计严重失信行为线索，应当移送同级人民政府统计机构依法处理。

第五条 统计机构应当归集、保存履职过程中采集的统计严重失信企业信息，按国家有关规定实施共享。

第二章 认定条件和程序

第六条 企业有下列统计违法行为之一，且属于《中华人民共和国统计法实施条例》第五十条所列情节严重的，统计机构应当认定其为统计严重失信企业。

（一）拒绝提供统计资料或者经催报后仍未按时提供统计资料的；

（二）提供不真实或者不完整的统计资料的；

（三）拒绝答复或者不如实答复统计检查查询书的；

（四）拒绝、阻碍统计调查、统计检查的；

（五）转移、隐匿、篡改、毁弃或者拒绝提供原始记录和凭证、统计台账、统计调查表及其他相关证明和资料的；

（六）其他统计严重失信行为。

第七条 统计机构对符合统计严重失信认定条件的企业，应当在该企业行政处罚决定生效后 5 个工作日内制作统计严重失信企业认定告知书，告知事由、依据、后果以及享有的陈述、申辩权利，依照《中华人民共和国民事诉讼法》规定的送达方式送达。

第八条 企业自收到统计严重失信认定告知书之日起 5 个工作日内，可以向作出认定的统计机构提出陈述、申辩。

统计机构认为企业提交的陈述、申辩材料不完整的，应当告知企业在规定时限内补充相关材料。

统计机构应当充分听取企业的意见，对企业提出的事实、理由和证据进行复核；企业提出的事实、理由或者证据成立的，统计机构应当采纳。

第九条 统计机构应当在企业提交陈述、申辩材料时限截止之日起 7 个工作日内作出决定。统计机构认定企业为统计严重失信企业的，应当制作统计严重失信企业认定决定书，载明以下事项：

（一）企业名称及其法定代表人或者负责人；

（二）统一社会信用代码；

（三）认定事由、依据；

（四）公示渠道、期限和其他严重失信惩戒措施；

（五）信用修复条件和程序；

（六）申请行政复议和提起行政诉讼的途径和期限；

（七）作出认定决定的统计机构名称和认定日期。

统计严重失信企业认定决定书应当依照《中华人民共和国民事诉讼法》规定的送达方式送达。

第三章 信用惩戒和修复

第十条 统计机构应当自作出统计严重失信企业认定决定之日起 10 个工作日内向社会公示统计严重失信信息，包括：

（一）企业基本信息，包括企业名称、地址、统一社会信用代码、法定代表人或者负责人等；

（二）统计违法行为；

（三）依法处理情况；

（四）其他相关信息。

第十一条 公示统计严重失信企业信息不得泄露国家秘密、商业秘密、个人隐私，不得危害国家安全和社会公共利益。

第十二条 统计机构应当在本机构门户网站建立统计严重失信企业信息公示专栏公示统计严重失信企业信息，并将公示信息推送到上一级统计机构公示专栏。

未开通门户网站的统计机构，应当将本机构认定的统计严重失信企业信息在上一级统计机构公示专栏公示。

省级统计机构应当及时搜集本机构及市、县级统计机构认定的统计严重失信企业信息，按要求在认定后 10 个工作日内报送国家统计局，由国家统计局统一按规定推送至全国信用信息共享平台和国家企业信用信息公示系统，并在“信用中国”网站公示。

第十三条 统计严重失信企业的公示期为 1 年。公示期限届满 3 日内，统计机构应当将统计严重失信信息移出统计机构门户网站，并同步将移出信息推送至全国信用信息共享平台和国家企业信用信息公示系统。

被认定为统计严重失信企业之日起 2 年内，企业再次被认定为统计严重失信企业的，自再次认定之日起公示 3 年。

第十四条 公示期间，作出认定的统计机构应当加强对统计严重失信企业的日常监管，适当提高抽查频次，指导企业改正统计违法行为。

第十五条 统计严重失信企业公示满 6 个月后，已经履行行政处罚决定、改正统计违法行为且未再发生统计违法行为的，可以向作出认定的统计机构提出信用修复申请。

第十六条 申请信用修复的企业，应当向作出认定的统计机构提交信用修复申请书，包括履行行政处罚决定、整改到位证明材料及统计守信承诺等内容。

第十七条 统计机构应当在收到企业信用修复申请书之日起 20 个工作日内，对统计严重失信企业的整改情况进行核实，并作出决定。

同意信用修复的，统计机构应当及时将统计严重失信信息移出统计机构门户网站，并同步将修复信息推送至全国信用信息共享平台和国家企业信用信息公示系统。

不同意信用修复的，统计机构应当书面告知企业，并说明理由。

第十八条 统计严重失信企业弄虚作假骗取信用修复的，作出认定的统计机构应当撤销信用修复的决定，并自撤销之日起重新公示 1 年。

第四章 救济和监督

第十九条 作出认定的统计机构发现统计严重失信企业认定的依据或者公示的信息不准确，应当在 2 个工作日内更正。

上级统计机构发现下级统计机构认定的依据或者公示的信息不准确，应当要求下级统计机构在 2 个工作日内更正。

统计严重失信企业有证据证明其被认定的依据或者公示的信息不准确，可以要求作出认定决定的统计机构进行更正。统计机构经核实确认信息不准确的，应当在 2 个工作日内更正。

第二十条 统计严重失信企业对统计机构作出的认定决定或者信用修复决定不服，可以依法申请行政复议或者提起行政诉讼。

第二十一条 任何单位和个人有权举报企业统计严重失信行为和统计机构在统计严重失信企业信用管理工作中的违法行为。

第二十二条 统计机构未按本办法履行职责的，由上一级统计机构责令改正；情节严重的，对负有责任的主管人员和其他直接责任人员依法依规追究责任。

第五章 附　　则

第二十三条 县级以上地方人民政府统计机构、国家统计局派出的调查机构，可以根据工作职责结合本地区、本系统实际情况对企业开展统计信用评价，实行信用分级管理。

第二十四条 本办法由国家统计局负责解释。省级地方人民政府统计机构、国家统计局调查总队可以根据本办法制定本地区、本系统统计严重失信企业信用管理实施细则，并报国家统计局备案。

第二十五条 本办法自公布之日起实施。《企业统计信用管理办法》（国统字〔2019〕33号）、《统计从业人员统计信用档案管理办法》（国统字〔2019〕34号）同时废止。

统计执法监督检查办法

（2017年7月5日国家统计局令第21号公布 根据2018年11月20日《国家统计局关于修改〈统计执法监督检查办法〉的决定》第一次修订 根据2019年11月14日《国家统计局关于修改〈统计执法监督检查办法〉的决定》第二次修订）

第一章 总 则

第一条 为了规范统计执法监督检查工作，保护公民、法人和其他组织的合法权益，保障和提高统计数据质量，根据《中华人民共和国统计法》《中华人民共和国行政处罚法》和《中华人民共和国统计法实施条例》等法律、行政法规，制定本办法。

第二条 本办法适用于县级以上人民政府统计机构对执行统计法律法规规章情况的监督检查和对统计违法行为的查处。

第三条 国家统计局统计执法监督局在国家统计局领导下，具体负责对全国统计执法监督检查工作的组织管理，指导监督地方统计机构和国家调查队统计执法监督检查机构工作，检查各地方、各部门统计法执行情况，查处重大统计违法行为。

省级及市级统计执法监督检查机构在所属统计局或者国家调查队领导下，具体负责指导监督本地区、本系统统计执法监督检查工作，对本地区、本系统统计法执行情况的检查和查处统计违法行为。县级统计执法监督检查机构或者执法检查人员在所属统计局或者国家调查队领导下，依据法定分工负责本地区、本系统统计执法监督检查工作。

地方统计机构和国家调查队应当建立统计执法监督检查沟通协作机制。

第四条 县级以上人民政府有关部门在同级人民政府统计机构的组织指导下，负责监督本部门统计调查中执行统计法情况，对本部门统计调查中发生的统计违法行为，移交同级人民政府统计机构予以处理。

第五条 各级人民政府统计机构应当建立行政执法监督检查责任制和问责制，切实保障统计执法监督检查所需的人员、经费和其他工作条件。

第六条 统计执法监督检查应当贯彻有法必依、执法必严、违法必究的方针，坚持预防、查处和整改相结合，坚持教育与处罚相结合，坚持实事求是、客观公正、统一规范、文明执法、高效廉洁原则。

统计执法监督检查中，与执法监督检查对象有利害关系以及其他可能影响公正性的人员，应当回避。

第七条 县级以上人民政府统计机构应当畅通统计违法举报渠道，公布统计违法举报电话、通信地址、网络专栏、电子邮箱等，认真受理、核实、办理统计违法举报。

第八条 县级以上人民政府统计机构应当建立统计违法行为查处情况报告制度，定期向上一级统计机构报告统计违法举报、统计执法监督检查和统计违法行为查处情况。

第二章　统计执法监督检查机构和执法检查人员

第九条　县级以上人民政府统计机构健全统计执法监督检查队伍，完善统计执法监督检查机制，建立统计执法骨干人才库，确保在库人员服从设库机构的调用。

第十条　统计执法监督检查机构和执法检查人员的主要职责是：

（一）起草制定统计法律法规规章和规范性文件；

（二）宣传、贯彻统计法律法规规章；

（三）组织、指导、监督、管理统计执法监督检查工作；

（四）依法查处统计违法行为，防范和惩治统计造假、弄虚作假；

（五）组织实施统计执法“双随机”抽查，受理、办理、督办统计违法举报；

（六）建立完善统计信用制度，建立实施对统计造假、弄虚作假的联合惩戒机制；

（七）监督查处涉外统计调查活动和民间统计调查活动中的违法行为；

（八）法律、法规和规章规定的其他职责。

第十一条　执法检查人员应当参加培训，经考试合格，取得由国家统计局统一颁发的统计执法证。

经县级以上人民政府统计机构批准，可以聘用专业技术人员参与统计执法监督检查。

第十二条　统计执法监督检查机构应当加强对所属执法检查人员的法律法规、统计业务知识、职业道德教育和执法监督检查技能培训，健全管理、考核和奖惩制度。

第三章　统计执法监督检查

第十三条　县级以上人民政府统计机构和有关部门应当建立统计执法监督检查工作机制和相关制度，综合运用“双随机”抽查、专项检查、重点检查、实地核查等方式，组织开展本地区、本部门、本单位统计执法监督检查工作。

按照国家有关规定，实施统计执法监督检查全过程记录制度。

第十四条　统计执法监督检查事项包括：

（一）地方各级人民政府、政府统计机构和有关部门以及各单位及其负责人遵守、执行统计法律法规规章和国家统计规则、政令情况；

（二）地方各级人民政府、政府统计机构和有关部门建立防范和惩治统计造假、弄虚作假责任制和问责制情况；

（三）统计机构和统计人员依法独立行使统计调查、统计报告、统计监督职权情况；

（四）国家机关、企业事业单位和其他组织以及个体工商户和个人等统计调查对象遵守统计法律法规规章、统计调查制度情况；

（五）依法开展涉外统计调查和民间统计调查情况；

（六）法律法规规章规定的其他事项。

第十五条　县级以上人民政府统计机构对接到的举报应当严格按照规定予以受理，经审核可能存在统计违法行为的，应当采取立案查处、执法检查办理，市级以上人民政府统计机构也可以按照规定将举报转交下级统计机构办理。

第十六条　县级以上人民政府统计机构在组织实施统计执法监督检查前应当拟定检查方案，明确检查的依据、时间、范围、内容和组织形式等。

第十七条　统计执法监督检查机构或者执法检查人员组织实施执法监督检查前，应报所属人民政府统计机构负责人批准。

第十八条　统计执法监督检查机构进行执法监督检查时，执法检查人员不得少于2名，并应当出示国家统计局统一颁发的统计执法证，告知检查对象和有关单位实施检查的人民政府统计机构名称，检查的依据、范围、内容和方式，以及相应的权利、义务和法律责任。未出示统计执法证的，有关单位和个人有权拒绝接受检查。

第十九条　县级以上人民政府统计机构调查统计违法行为或者核查统计数据时，依据《统计法》第三十五条的规定，行使统计执法监督检查职权。

第二十条　检查对象和有关单位应当按照统计法律法规规定，积极配合执法监督检查工作，为检查工作提供必要的条件保障。有关人员应当如实回答询问、反映情况，提供相关证明和资料，核实笔录，并在有关证明、资料和笔录上签字，涉及单位的加盖公章。拒绝签字或者盖章的，由执法检查人员现场记录原因并录音录像。

有关地方、部门、单位应当及时通知相关人员按照要求接受检查。

第二十一条　统计执法监督检查机构在执法监督检查过程中，应当及时按规定制作执法文书，如实记录执法检查人员询问情况和检查对象反映的情况以及提供的证明和资料，由执法检查人员在有关笔录上签名。

第二十二条　县级以上人民政府统计机构和执法检查人员对在执法监督检查过程中知悉的国家秘密、商业秘密、个人信息资料和能够识别或者推断单个调查对象身份的资料，负有保密义务。

第二十三条　统计执法监督检查机构应当在调查结束后，及时向所属人民政府统计机构提交监督检查报告，报告检查中发现的问题并提出处理建议。处理建议包括：

（一）发现有统计违法行为，符合立案查处条件的，予以立案查处；

（二）发现统计违法事实不清、证据不足或者程序错误的，应当及时补充或者重新调查；

（三）按照违法行为性质、情节，提请上一级或者移交下级人民政府统计机构立案查处；

（四）未发现统计违法行为或者统计违法事实轻微，依法不应追究法律责任的，不予处理。

第四章　统计违法行为的处罚

第二十四条　查处统计违法案件应当做到事实清楚，证据确凿，定性准确，处理恰当，适用法律正确，符合法定程序。

第二十五条　国家统计局负责查处情节严重或影响恶劣的统计造假、弄虚作假案件，对国家重大统计部署贯彻不力的案件，重大国情国力调查中发生的严重统计造假、弄虚作假案件，其他重大统计违法案件。

省级统计局依法负责查处本行政区域内统计造假、弄虚作假案件，违反国家统计调查制度以及重要的地方统计调查制度的案件。但是国家调查总队组织实施的统计调查中发生的统计造假、弄虚作假案件，违反国家统计调查制度案件，由组织实施统计调查的国家调查总队进行查处。

市级、县级统计局和国家统计局市级、县级调查队，发现本行政区域内统计造假、弄虚作假违法行为的，应当及时报告省级统计机构依法查处；依法负责查处本行政区域内其他统计违法案件。

第二十六条　统计执法监督检查机构具体负责查处统计违法

行为，统计执法队接受所属统计机构委托开展有关执法检查工作。

第二十七条 对下列统计违法行为，县级以上人民政府统计机构应当依法立案：

（一）各地方、各部门、各单位及其负责人违反统计法律法规规章的；

（二）县级以上人民政府统计机构及其工作人员违反统计法律法规规章的；

（三）国家机关、企业事业单位和其他组织以及个体工商户等调查对象违反统计法律法规规章的；

（四）违反国家统计规则、政令的；

（五）违反涉外统计调查和民间统计调查有关法律法规规章的；

（六）其他按照法律法规规章规定应当立案的。

第二十八条 立案查处的统计违法行为，应当同时具备下列条件：

（一）有明确的行为人；

（二）有违反本办法第二十七条所列行为，依法应当追究法律责任；

（三）属于人民政府统计机构职责权限和管辖范围。

统计执法监督检查机构或者执法检查人员按照前款规定的条件，对拟立案的有关材料进行初步审查并提出初步处理意见，报送所属人民政府统计机构负责人批准后，予以立案查处。

第二十九条 立案查处的案件，一般案件执法检查人员不得少于2人，重大案件应当按规定组成执法检查组。

第三十条 执法检查人员应当合法、客观、全面地收集证据。收集证据过程中，执法检查人员应当及时制作《现场检查笔录》《调查笔录》等文书，并整理制作《证据登记表》。

案件证据应当与本案件有关联，包括书证、物证、电子数据、视听资料、证人证言、当事人陈述、鉴定结论和勘验笔录等以及其他可证明违法事实的材料。

第三十一条 调查结束后，执法检查组或者执法检查人员应当及时形成监督检查报告，报送所属人民政府统计机构负责人。

监督检查报告内容包括：立案依据、检查情况、违法事实、法律依据、违法性质、法律责任、酌定情形、处理意见等。

第三十二条 统计执法监督检查机构应当及时组织召开会议，对案件进行讨论审理，确定统计违法行为性质和处理决定，报统计机构负责人审查。对情节复杂或者重大违法行为给予较重的行政处罚，应当集体讨论决定。

在审理过程中发现统计违法事实不清、证据不足或者程序错误的，应当责成执法检查组或者执法检查人员及时补充或者重新调查。

第三十三条 统计违法案件审理终结，应当分别以下情况作出处理：

（一）违反统计法律法规规章证据不足，或者统计违法事实情节轻微，依法不应追究法律责任的，即行销案；

（二）违反统计法律法规规章事实清楚、证据确凿的，依法作出处理；

（三）违反统计法律法规规章和国家统计规则、政令，应当给予处分的，移送任免机关或者纪检监察机关处理；

（四）违反统计法律法规规章和国家统计规则、政令，被认定为统计严重失信的，按照国家有关规定进行公示和惩戒；

（五）涉嫌违反其他法律法规规定的，移交有关行政机关处理；

（六）涉嫌犯罪的，移送司法机关、监察机关处理。

第三十四条 统计违法事实清楚、证据确凿，依法决定予以行政处罚的，应当在作出行政处罚决定前，制作《统计行政处罚决定告知书》，向处罚对象告知给予行政处罚的事实、理由、依据和处罚对象依法享有的权利。处罚对象对处罚决定进行陈述、申辩，提出不同意见时，统计执法监督检查机构应当认真听取。处罚对象提出新的事实、理由和证据，统计执法监督检查机构应当进行复核，复核成立的，予以采纳。

第三十五条 县级以上人民政府统计机构作出对法人或者其他组织5万元以上罚款，对个体工商户作出2000元以上罚款的行政处罚决定前，应当告知处罚对象有要求举行听证的权利。处罚对象要求听证的，作出处罚决定的统计机构应当依法组织听证。

处罚对象应当在收到《统计行政处罚决定告知书》3日内向作出处罚决定的统计机构提出听证要求，作出处罚决定的统计机构应当在听证的7日前通知处罚对象举行听证的时间和地点。

听证由统计机构指定的非本案执法检查人员主持，处罚对象认为主持人与本案有直接利害关系的，有权申请回避。举行听证时，执法检查人员提出处罚对象违法的事实、证据和处罚建议，处罚对象进行申辩和质证。听证应当制作笔录，笔录应当交处罚对象审核无误后签字或者盖章。

听证结束后，统计机构依照本办法第三十三条作出处罚决定。

第三十六条 统计违法行为应当给予行政处罚的，依法作出处罚决定，制作《统计行政处罚决定书》。《统计行政处罚决定书》应当载明下列事项：

（一）处罚对象的名称或者姓名、地址；

（二）违反统计法律法规规章的事实和证据；

（三）统计行政处罚的种类和依据；

（四）统计行政处罚的履行方式和期限；

（五）不服统计行政处罚决定，申请行政复议或者提起行政诉讼的途径和期限；

（六）作出统计行政处罚决定的统计机构名称和作出决定的日期。

统计行政处罚决定书必须盖有作出统计行政处罚决定的统计机构的印章。

第三十七条 县级以上人民政府统计机构应当在《统计行政处罚决定书》作出后7日内送达处罚对象。处罚对象应当在送达回执上签字盖章，并注明签收日期。处罚对象拒绝接收的，应当在其他人员见证下，由送达人员、见证人员在送达回执上签字并注明理由，将《统计行政处罚决定书》留置；处罚对象不能接收的，应当在其他人员见证下，由送达人员、见证人员在送达回执上签字并注明理由。

邮寄送达的，应当通过中国邮政挂号寄送。

第三十八条 统计行政处罚决定作出后，处罚对象应当在统计行政处罚决定的期限内予以履行。处罚对象对统计行政处罚决定不服，申请行政复议或者提起行政诉讼的，统计行政处罚不停止执行。

统计执法监督检查机构应当及时掌握统计行政处罚的执行情况。

第三十九条 立案查处的统计违法行为，应当在立案后3个月内处理完毕；因特殊情况需要延长办理期限的，应当按规定报经批准，但延长期限不得超过3个月。

第四十条 统计违法事实清楚并有法定依据，对法人或者其他组织予以警告或者警告并处1000元以下罚款行政处罚的，可以适用简易处罚程序，当场作出统计行政处罚决定。

第四十一条 统计违法行为处理决定执行后，应当及时结案。

结案应当撰写结案报告，报送所属人民政府统计机构负责人同意，予以结案。

第四十二条 县级以上人民政府统计机构在查处统计违法案件时，认为对有关国家工作人员应当给予处分处理的，应当按照有关规定提出处分处理建议，并将案件材料和处分处理建议移送具有管辖权的任免机关或者纪检机关、监察机关、组织（人事）部门。

第四十三条 立案查处和执法检查的典型、严重统计违法案件，应当按照有关规定予以曝光。

对具有严重统计造假弄虚作假情形的，应当依法认定为统计上严重失信，按照有关规定予以公示和惩戒。

第五章 法律责任

第四十四条 县级以上人民政府统计机构负责人、执法检查人员及其相关人员在统计执法监督检查中有下列行为之一的，由统计机构予以通报，由任免机关或者纪检监察机关给予处分：

（一）包庇、纵容统计违法行为；

（二）瞒案不报，压案不查；

（三）未按规定受理、核查、处理统计违法举报；

（四）未按法定权限、程序和要求开展统计执法监督检查，造成不良后果；

（五）违反保密规定，泄露举报人或者案情；

（六）滥用职权，徇私舞弊；

（七）其他违纪违法行为。

第四十五条 县级以上人民政府统计机构负责人、执法检查人员及其相关人员在统计执法监督检查中，违反有关纪律的，依纪依法给予处分。

第四十六条 县级以上人民政府统计机构负责人、执法检查人员及其相关人员泄露在检查过程中知悉的国家秘密、商业秘密、个人信息资料和能够识别或者推断单个调查对象身份的资料，依纪依法给予处分。

第六章　附　　则

第四十七条　本办法自公布之日起施行。

统计执法证管理办法

（2017 年 6 月 26 日国家统计局令第 20 号公布　根据 2019 年 11 月 14 日《国家统计局关于修改〈统计执法证管理办法〉的决定》修订）

第一章　总　　则

第一条　为保障统计执法工作顺利进行，规范统计执法证的颁发和管理工作，根据《中华人民共和国行政处罚法》《中华人民共和国统计法》《中华人民共和国统计法实施条例》等有关法律法规，制定本办法。

第二条　统计执法证的申请、印制、核发、使用和监督管理适用本办法。

第三条　统计执法证是统计执法人员依法从事统计执法活动时证明其身份的有效证件，是履行统计行政执法职责的凭证。

第四条　从事统计执法工作的人员应当持有统计执法证。未取得统计执法证的，不得从事统计执法工作。

统计执法人员依法开展统计执法工作时，应当主动向统计检查对象出示统计执法证。

第五条　国家统计局负责全国统计执法证的颁发和管理工作。

省级统计机构负责本地区、本系统统计执法证的申请、审核、管理工作。

第六条 统计执法证由专用皮夹和内卡组成。

皮夹为横式黑色皮质，外部正面上部镂刻“中华人民共和国”字样、中间镂刻国徽图案、底部镂刻“统计执法证”字样，背面中部镂刻国家统计局标志、底部镂刻“国家统计局颁发”字样；内部放置内卡。

统计执法证内卡左侧为防伪塑封卡，标明“中华人民共和国统计执法证”字样和执法证号、持证人姓名、性别、照片、所在单位、发证机关、有效期限以及国家统计局印章，右侧为纸质卡片，标明执法人员职责、权限和监督电话。

国家对执法证制式有特殊规定的，从其规定。

第二章 证件取得与核发

第七条 取得统计执法证，应当符合下列条件：

（一）理想信念坚定，坚决执行组织决定；

（二）坚持原则，作风正派，忠于职守，遵纪守法；

（三）具备必要的法律知识，熟练掌握统计法律法规规章和相关行政法律法规的内容；

（四）具备必要的统计业务知识，熟悉统计调查制度的主要内容；

（五）熟练掌握统计执法流程和纪律规定；

（六）法律、行政法规和规章规定的其他条件。

第八条 取得统计执法证，应当具备下列资格：

（一）县级以上人民政府统计机构中的公务员或者参照《中华人民共和国公务员法》管理的工作人员，且拟从事统计执法工作；

（二）具有大专以上学历；

（三）具备 3 年以上统计工作经验，或者具有法律专业本科以上学历且具备 1 年以上统计工作经验，或者在统计法治机构工作 1 年以上；

（四）参加省级以上统计机构组织的统计执法培训，并且通过统计执法人员资格考试。

第九条 有以下情形的人员不予颁发统计执法证：

（一）3 年内年度考核结果有不称职等次；

（二）在统计工作中有违法记录；

（三）因违反统计法律法规被处分；

（四）因违反纪律受到党纪政务严重处分并在处分影响期。

第十条 省级、市级、县级统计机构申请统计执法证，应当向省级以上统计执法机构提交拟颁发统计执法证人员的下列材料：

（一）统计执法证申请表；

（二）干部任免表；

（三）学历证书复印件；

（四）所在统计机构关于学历、编制、职务、年度考核结果的证明材料；

（五）所在统计机构关于法律知识、统计业务知识、执法能力水平和无本办法第九条所列情形的证明材料。

第十一条 统计机构对拟颁发统计执法证的人员应当依据本办法第七条、第八条、第九条规定进行初步审查。对符合条件和资格的，统计机构按照会议制度规定集体研究确定拟颁发统计执法证的人员名单，在《统计执法证申请表》相应栏目签署审查意见并加盖单位公章，报送省级统计机构审核。

第十二条 省级统计执法机构收到《统计执法证申请表》后，按照本办法规定进行审核，对符合条件和资格的，提交省级统计机构按照会议制度规定集体研究确定拟颁发统计执法证人员，并报国家统计局统计执法监督局审定，由国家统计局颁发统计执法证。

第十三条 国家统计局各单位申请统计执法证的，由司级机构依据本办法第七条、第八条、第九条规定对拟颁发统计执法证人员进行审核，对符合条件和资格的，在《统计执法证申请表》相应栏目签署审核意见并加盖单位公章，报送统计执法监督局。统计执法监督局按照本办法规定进行审核并集体研究确定拟颁发统计执法证的人员名单，报国家统计局领导审定。

第三章 统计执法培训和考试

第十四条 国家统计局负责组织编制全国统计执法人员培训规划，制定培训大纲。

省级以上统计机构按照培训规划，组织开展统计执法人员岗位培训。

第十五条 统计执法岗位培训分为资格培训和在岗培训，培训内容包括统计法律法规规章、相关行政法律法规、政策理论、统计专业知识、现场执法实务、党纪党规和工作制度等。

第十六条 统计执法岗位培训师资应当是国家统计局、省级统计机构、国家统计局执法骨干人才库中的统计法治工作者、统计业务骨干，法律专家，具有丰富执法经验、熟练执法技能的人员。

第十七条 国家统计局统计执法监督局负责制定统计执法人员资格考试大纲，建立考试题库。

省级以上统计机构按照考试大纲，负责组织本地区、本系统统计执法人员依据国家统计局统计执法监督局提供的试题进行资格考试，实行统一命题、统一制卷、统一阅卷。

第十八条 统计执法人员资格考试包括法律基础知识、统计法律法规、相关法律法规、统计执法专业知识和其他相关知识。

第十九条 省级以上统计机构应当严格按照国家统计局的规

定，组织实施资格考试，确保参考人员严格遵守考场纪律。

第二十条 省级以上统计机构应当免费组织开展统计执法人员岗位培训和资格考试。

第四章 证件管理和使用

第二十一条 省级以上统计机构应当加强对持证人员的管理，建立统计执法证数据库并实行动态管理。

省级统计机构应当定期将本地区、本系统统计执法证使用情况报送国家统计局备案。

第二十二条 省级以上统计机构应当通过政府网站向社会公布统计执法证的持有人姓名和所在单位、执法证号等信息，供社会公众查询。

第二十三条 统计执法证由国家统计局统一印制，实行全国统一编号。

统计执法证由国家统计局统一核发。统计执法证自核发之日起，5 年内有效。有效期届满的，应当依据本办法重新申请统计执法证。

第二十四条 统计执法证限于持证人员从事统计执法工作使用。

持证人员应当依照法定职权使用统计执法证，不得涂改、复制、转借、抵押、赠送、买卖或者故意毁损，不得使用统计执法证进行非统计执法活动。

第二十五条 持证人员应当妥善保管统计执法证，防止遗失、被盗或者损毁。

统计执法证遗失、被盗或者损毁的，持证人员应当及时报告所在单位，由所在单位按申请程序向原发证机关申请补办。持证人员所在单位和发证机关应当及时将遗失、被盗、损毁的统计执法证公告作废。

第二十六条 持证人员有下列情况之一的，由所在单位收回其统计执法证并经省级统计机构审核后交发证机关注销：

（一）退休；

（二）辞职、被辞退；

（三）不再从事统计执法工作；

（四）统计执法证有效期届满；

（五）因其他原因应当收回。

第五章 监督检查

第二十七条 国家统计局对统计执法证的申请、核发、管理和使用工作进行监督检查。

省级人民政府统计机构、国家统计局调查总队应当对本地区、本系统持证人员使用统计执法证的情况进行监督检查。

第二十八条 建立统计执法证管理工作考核制度。国家统计局定期组织开展统计执法证管理工作抽查，每年对省级统计机构管理统计执法证工作情况进行考核。

第二十九条 建立统计执法证人员抽查制度。国家统计局不定期抽取部分统计执法证持有人员，对资格考试试题范围内容进行复查。

第六章 法律责任

第三十条 持证人员有下列情形之一的，由省级以上统计机构批评教育，责令改正，可以暂扣其统计执法证：

（一）超越法定权限执法或者违反法定程序执法，未造成严重后果；

（二）将统计执法证用于非统计执法活动，未造成严重后果；

（三）涉嫌违纪违法被立案审查，尚未做出结论；

（四）其他原因应当暂扣。

第三十一条 持证人员有下列情形之一的，由省级以上统计机构收缴其统计执法证：

（一）超越法定权限执法或者违反法定程序执法，造成严重后果；

（二）将统计执法证用于非统计执法活动，造成严重后果；

（三）涂改、复制、转借、抵押、赠送、买卖或者故意毁损统计执法证；

（四）利用职务上的便利，索取收受他人财物、收缴罚款据为己有或者进行其他违法活动；

（五）有徇私舞弊、玩忽职守等渎职行为；

（六）年度考核结果不称职；

（七）受到行政拘留处罚、刑事拘留或者判处刑罚；

（八）拒绝、阻碍统计执法检查，包庇、纵容统计违法行为；

（九）受到党纪政务处分；

（十）其他应当收缴统计执法证的情形。

第三十二条 任何单位违反本办法规定，伪造、变造或者冒用统计执法证的，由国家统计局或者省级统计机构责令改正，予以警告，可以予以通报；其直接负责的主管人员和其他直接责任人员属于国家工作人员的，由任免机关或者纪检监察机关依照有关规定予以处分。

第三十三条 违反本办法，擅自制作、发放统计执法证的，由国家统计局责令改正，予以警告，可以予以通报；其直接负责的主管人员和其他直接责任人员属于国家工作人员的，由任免机关或者纪检监察机关依照有关规定予以处分。

第三十四条 违反本办法规定，构成违反治安管理行为的，依法予以治安管理处罚；构成犯罪的，依法追究刑事责任。

第七章　附　　则

第三十五条　本办法自公布之日起施行。

部门统计调查项目管理办法

（2017 年 6 月 2 日国家统计局第 1 次局务会议讨论通过　2017 年 6 月 2 日中华人民共和国国家统计局令第 22 号公布　自 2017 年 10 月 1 日起施行）

第一章　总　　则

第一条　为加强部门统计调查项目的规范性、统一性管理，提高统计调查的科学性和有效性，减轻统计调查对象负担，推进部门统计信息共享，根据《中华人民共和国统计法》及其实施条例和国务院有关规定，制定本办法。

第二条　本办法适用于国务院各部门制定的统计调查项目。

第三条　本办法所称的统计调查项目，是指国务院有关部门通过调查表格、问卷、行政记录、大数据以及其他方式搜集整理统计资料，用于政府管理和公共服务的各类统计调查项目。

第四条　国家统计局统一组织领导和协调全国统计工作，指导国务院有关部门开展统计调查，统一管理部门统计调查。

第五条　国务院有关部门应当明确统一组织协调统计工作的综合机构，负责归口管理、统一申报本部门统计调查项目。

第二章　部门统计调查项目的制定

第六条　国务院有关部门执行相关法律、行政法规、国务院的决定和履行本部门职责，需要开展统计活动的，应当制定相应的部门统计调查项目。

第七条 制定部门统计调查项目，应当减少调查频率，缩小调查规模，降低调查成本，减轻基层统计人员和统计调查对象的负担。可以通过行政记录和大数据加工整理获得统计资料的，不得开展统计调查；可以通过已经批准实施的各种统计调查整理获得统计资料的，不得重复开展统计调查；抽样调查、重点调查可以满足需要的，不得开展全面统计调查。

第八条 制定部门统计调查项目，应当有组织、人员和经费保障。

第九条 制定部门统计调查项目，应当同时制定该项目的统计调查制度。

统计调查制度内容包括总说明、报表目录、调查表式、分类目录、指标解释、指标间逻辑关系，采用抽样调查方法的还应当包括抽样方案。

统计调查制度总说明应当对调查目的、调查对象、统计范围、调查内容、调查频率、调查时间、调查方法、组织实施方式、质量控制、报送要求、信息共享、资料公布等作出规定。

面向单位的部门统计调查，其统计调查对象应当取自国家基本单位名录库或者部门基本单位名录库。

第十条 部门统计调查应当规范设置统计指标、调查表，指标解释和计算方法应当科学合理。

第十一条 部门统计调查应当使用国家统计标准。无国家统计标准的，可以使用经国家统计局批准的部门统计标准。

第十二条 新制定的部门统计调查项目或者对现行统计调查项目进行较大修订的，应当开展试填试报等工作。其中，重要统计调查项目应当进行试点。

第十三条 部门统计调查项目涉及其他部门职责的，应当事先征求相关部门意见。

第三章　部门统计调查项目审批和备案

第十四条　国务院有关部门制定的统计调查项目，统计调查对象属于本部门管辖系统或者利用行政记录加工获取统计资料的，报国家统计局备案；统计调查对象超出本部门管辖系统的，报国家统计局审批。

部门管辖系统包括本部门直属机构、派出机构和垂直管理的机构，省及省以下与部门对口设立的管理机构。

第十五条　部门统计调查项目审批或者备案包括申报、受理、审查、反馈、决定等程序。

第十六条　部门统计调查项目送审或者备案时，应当通过部门统计调查项目管理平台提交下列材料：

（一）申请审批项目的部门公文或者申请备案项目的部门办公厅（室）公文；

（二）部门统计调查项目审批或者备案申请表；

（三）统计调查制度；

（四）统计调查项目的论证报告、背景材料、经费保障等，修订的统计调查项目还应当提供修订说明；

（五）征求有关地方、部门、统计调查对象和专家意见及其采纳情况；

（六）制定机关按照会议制度集体讨论决定的会议纪要；

（七）重要统计调查项目的试点报告；

（八）由审批机关或者备案机关公布的统计调查制度的主要内容；

（九）防范和惩治统计造假、弄虚作假责任规定。

前款第（一）项的公文应当同时提交纸质文件。

第十七条　申请材料齐全并符合法定形式的，国家统计局予以受理。

申请材料不齐全或者不符合法定形式的，国家统计局应当一次告知需要补正的全部内容，制定机关应当按照国家统计局的要求予以补正。

第十八条 统计调查制度应当列明下列事项：

（一）向国家统计局报送的制定机关组织实施统计调查取得的具体统计资料清单；

（二）主要统计指标公布的时间、渠道；

（三）统计信息共享的内容、方式、时限、渠道、责任单位和责任人；

（四）向统计信息共享数据库提供的统计资料清单；

（五）统计调查对象使用国家基本单位名录库或者部门基本单位名录库的情况。

第十九条 国家统计局对申请审批的部门统计调查项目进行审查，符合下列条件的部门统计调查项目，作出予以批准的书面决定：

（一）具有法定依据或者确为部门公共管理和服务所必需；

（二）与现有的国家统计调查项目和部门统计调查项目的主要内容不重复、不矛盾；

（三）主要统计指标无法通过本部门的行政记录或者已有统计调查资料加工整理取得；

（四）部门统计调查制度科学、合理、可行，并且符合本办法第八条、第九条和第十八条规定；

（五）采用的统计标准符合国家有关规定；

（六）符合统计法律法规和国家有关规定。

不符合前款规定的，国家统计局向制定机关提出修改意见；修改后仍不符合前款规定条件的，国家统计局作出不予批准的书面决定，并说明理由。

第二十条 国家统计局对申请备案的部门统计调查项目进行

审查，符合下列条件的部门统计调查项目，作出同意备案的书面决定：

（一）统计调查项目的调查对象属于制定机关管辖系统，或者利用行政记录加工获取统计资料；

（二）与现有的国家统计调查项目和部门统计调查项目的主要内容不重复、不矛盾；

（三）部门统计调查制度科学、合理、可行，并且符合本办法第八条、第九条和第十八条规定。

第二十一条 国家统计局在收到制定机关申请公文及完整的相关资料后，在20个工作日内完成审批，20个工作日内不能作出决定的，经审批机关负责人批准可以延长10日，并应当将延长审批期限的理由告知制定机关；在10个工作日内完成备案。完成时间以复函日期为准。

制定机关修改统计调查项目的时间，不计算在审批期限内。

第二十二条 部门统计调查项目有下列情形之一的，国家统计局简化审批或者备案程序，缩短期限：

（一）发生突发事件，需要迅速实施统计调查；

（二）统计调查内容未做变动，统计调查项目有效期届满需要延长期限。

第二十三条 部门统计调查项目实行有效期管理。审批的统计调查项目有效期为3年，备案的统计调查项目有效期为5年。统计调查制度对有效期规定少于3年的，从其规定。有效期以批准执行或者同意备案的日期为起始时间。

统计调查项目在有效期内需要变更内容的，制定机关应当重新申请审批或者备案。

第二十四条 部门统计调查项目经国家统计局批准或者备案后，应当在统计调查表的右上角标明表号、制定机关、批准机关或者备案机关、批准文号或者备案文号、有效期限等标志。

第二十五条 制定机关收到批准或者备案的书面决定后，在10个工作日内将标注批准文号或者备案文号和有效期限的统计调查制度发送到部门统计调查项目管理平台。

第二十六条 国家统计局及时通过国家统计局网站公布批准或者备案的部门统计调查项目名称、制定机关、批准文号或者备案文号、有效期限和统计调查制度的主要内容。

第四章 部门统计调查的组织实施

第二十七条 国务院有关部门应当健全统计工作流程规范，完善统计数据质量控制办法，夯实统计基础工作，严格按照国家统计局批准或者备案的统计调查制度组织实施统计调查。

第二十八条 国务院有关部门在组织实施统计调查时，应当就统计调查制度的主要内容对组织实施人员进行培训；应当就法定填报义务、主要指标涵义和口径、计算方法、采用的统计标准和其他填报要求，向调查对象作出说明。

第二十九条 国务院有关部门应当按《中华人民共和国统计法实施条例》的要求及时公布主要统计指标涵义、调查范围、调查方法、计算方法、抽样调查样本量等信息，对统计数据进行解释说明。

第三十条 国务院有关部门组织实施统计调查应当遵守国家有关统计资料管理和公布的规定。

第三十一条 部门统计调查取得的统计资料，一般应当在政府部门间共享。

第三十二条 国务院有关部门建立统计调查项目执行情况评估制度，对实施情况、实施效果和存在问题进行评估，认为应当修改的，按规定报请国家统计局审批或者备案。

第五章 国家统计局提供的服务

第三十三条 国家统计局依法开展部门统计调查项目审批和备案工作，为国务院有关部门提供有关统计业务咨询、统计调查制度设计指导、统计业务培训等服务。

第三十四条 国家统计局组织国务院有关部门共同维护、更新国家基本单位名录库，为部门统计调查提供调查单位名录和抽样框。

第三十五条 国家统计局建立统计标准库，为部门统计调查提供国家统计标准和部门统计标准。

第三十六条 国家统计局向国务院有关部门提供部门统计调查项目查询服务。

第三十七条 国家统计局推动建立统计信息共享数据库，为国务院有关部门提供部门统计数据查询服务。

第六章 监督检查

第三十八条 国家统计局依法对部门统计调查制度执行情况进行监督检查，依法查处部门统计调查中的重大违法行为；县级以上地方人民政府统计机构依法查处本级和下级人民政府有关部门和统计调查对象执行部门统计调查制度中发生的统计违法行为。

第三十九条 任何单位和个人有权向国家统计局举报部门统计调查违法行为。

国家统计局公布举报统计违法行为的方式和途径，依法受理、核实、处理举报，并为举报人保密。

第四十条 县级以上人民政府有关部门积极协助本级人民政府统计机构查处统计违法行为，及时向县级以上人民政府统计机构移送有关统计违法案件材料。

第四十一条 县级以上人民政府统计机构在调查部门统计违法行为或者核查部门统计数据时，有权采取《中华人民共和国统计法》第三十五条规定的下列措施：

（一）发出检查查询书，向检查单位和调查对象查询部门统计调查项目有关事项；

（二）要求检查单位和调查对象提供与部门统计调查有关的统计调查制度、调查资料、调查报告及其他相关证明和资料；

（三）就与检查有关的事项询问有关人员；

（四）进入检查单位和调查对象的业务场所和统计数据处理信息系统进行检查、核对；

（五）经本机构负责人批准，登记保存检查单位与统计调查有关的统计调查制度、调查资料、调查报告及其他相关证明和资料；

（六）对与检查事项有关的情况和资料进行记录、录音、录像、照相和复制。

县级以上人民政府统计机构进行监督检查时，监督检查人员不得少于2人，并应当出示执法证件；未出示的，有关部门有权拒绝检查。

第四十二条 县级以上人民政府统计机构履行监督检查职责时，有关部门应当如实反映情况，提供相关证明和资料，不得拒绝、阻碍检查，不得转移、隐匿、篡改、毁弃与部门统计调查有关的统计调查制度、调查资料、调查报告及其他相关证明和资料。

第七章 法律责任

第四十三条 县级以上人民政府有关部门在组织实施部门统计调查活动中有下列行为之一的，由上级人民政府统计机构、本级人民政府统计机构责令改正，予以通报：

（一）违法制定、实施部门统计调查项目；

（二）未执行国家统计标准或者经依法批准的部门统计标准；

（三）未执行批准和备案的部门统计调查制度；

（四）在部门统计调查中统计造假、弄虚作假。

第四十四条 县级以上人民政府有关部门及其工作人员有下列行为之一的，由上级人民政府统计机构、本级人民政府统计机构责令改正，予以通报：

（一）拒绝、阻碍对部门统计调查的监督检查和对部门统计违法行为的查处；

（二）包庇、纵容部门统计违法行为；

（三）向存在部门统计违法行为的单位或者个人通风报信，帮助其逃避查处。

第四十五条 县级以上人民政府统计机构在查处部门统计违法行为中，认为对有关国家工作人员依法应当给予处分的，应当提出给予处分的建议，将处分建议和案件材料移送该国家工作人员的任免机关或者监察机关。

第八章 附 则

第四十六条 中央编办管理机构编制的群众团体机关、经授权代主管部门行使统计职能的国家级集团公司和工商领域联合会或者协会等开展的统计调查项目，参照部门统计调查项目管理。

县级以上地方人民政府统计机构对本级人民政府有关部门制定的统计调查项目管理，参照本办法执行。

第四十七条 本办法自 2017 年 10 月 1 日起施行。国家统计局 1999 年公布的《部门统计调查项目管理暂行办法》同时废止。

统计调查证管理办法

（2017 年 6 月 26 日国家统计局令第 19 号公布　自 2017 年 9 月 1 日起施行）

第一条　为保障政府统计调查工作顺利进行，规范统计调查证的颁发和管理工作，根据《中华人民共和国统计法》《中华人民共和国统计法实施条例》等法律法规，制定本办法。

第二条　统计调查证是统计调查人员依法执行政府统计调查任务时证明其身份的有效证件。统计调查人员依法进行政府统计调查活动时，应当主动向统计调查对象出示统计调查证。

县级以上人民政府统计机构工作人员也可以持本单位颁发的工作证执行政府统计调查任务。

全国性普查的普查员和普查指导员，持普查员证或者普查指导员证依法执行普查任务。

第三条　统计调查证由国家统计局统一格式，省级人民政府统计机构、国家统计局调查总队印制，县级以上地方人民政府统计机构、国家统计局各级调查队颁发。

省级人民政府统计机构、国家统计局调查总队依照本办法建立统计调查证核发和管理制度。

第四条　统计调查证可以颁发给下列人员：

（一）县级以上人民政府统计机构工作人员中，直接执行政府统计调查任务的调查人员；

（二）县级以上人民政府统计机构聘用的调查人员。

第五条　取得统计调查证的人员应当经过专业培训，具备相关的统计知识和调查技能。

第六条　取得统计调查证，应当由本人填写登记表，经本人所在单位或者聘用单位审查，报省级人民政府统计机构或者国家统计局调查总队核准后，由本人所在单位或者聘用单位颁发。

第七条 统计调查证应当标明下列内容：

（一）持证人姓名、性别、出生年月；

（二）持证人照片；

（三）持证人所在单位或者聘用单位名称；

（四）发证机关、证件编号；

（五）发证日期、有效期限。

第八条 持证人员的职责是：

（一）宣传、执行统计法律、法规、规章和统计调查制度；

（二）依法开展统计调查，如实搜集、报送统计资料；

（三）要求有关统计调查对象依法真实、准确、完整、及时提供统计资料；

（四）对其负责搜集、审核、录入的统计资料与统计调查对象报送的统计资料的一致性负责，依法要求统计调查对象改正不真实、不准确、不完整的统计资料。

持证人员对在政府统计调查中知悉的统计调查资料负有保密义务。

第九条 发证机关应当加强对持证人员的管理。

持证人员不再从事政府统计调查活动或者统计调查证有效期届满的，由发证机关收回统计调查证。

第十条 持证人员应当妥善保管统计调查证，不得涂改、转借、故意毁损统计调查证，不得使用统计调查证进行与政府统计调查无关的活动。

第十一条 持证人员有下列情况之一的，由县级以上人民政府统计机构予以批评教育，并可以收缴统计调查证。情节较重，属于国家工作人员的，依纪依法给予处分；不属于国家工作人员的，解除聘用合同。构成违反治安管理行为的，依法予以治安管理处罚；构成犯罪的，依法追究刑事责任：

（一）有统计违法行为；

（二）将统计调查证转借他人使用；

（三）利用统计调查证从事与政府统计调查无关的活动；

（四）泄露统计调查资料。

第十二条 任何单位违反本办法规定，伪造、变造或者冒用统计调查证的，由县级以上人民政府统计机构责令改正，予以警告，予以通报。对非经营活动中发生上述违法行为的，还可以处1000元以下的罚款。对经营活动中发生上述违法行为，有违法所得的，可以处违法所得1倍以上3倍以下但不超过3万元的罚款；没有违法所得，还可以处1万元以下的罚款。

对有前款违法行为的有关责任人员，由县级以上人民政府统计机构责令改正予以警告，可以予以通报，可以处1000元以下的罚款；构成违反治安管理行为的，依法予以治安管理处罚；构成犯罪的，依法追究刑事责任。

第十三条 对县级以上人民政府统计机构聘用的执行一次性统计调查任务的调查人员，可以颁发临时统计调查证。

临时统计调查证的颁发、管理由省级人民政府统计机构、国家统计局调查总队规定。

第十四条 省级人民政府统计机构、国家统计局调查总队应当根据本办法制定本地区、本系统统计调查证管理实施办法。

第十五条 本办法自2017年9月1日起实施。国家统计局2007年8月27日公布的《统计调查证管理办法》同时废止。

统计违法违纪行为处分规定

（2009 年 3 月 25 日监察部、人力资源和社会保障部、国家统计局令第 18 号公布　自 2009 年 5 月 1 日起施行）

第一条　为了加强统计工作，提高统计数据的准确性和及时性，惩处和预防统计违法违纪行为，促进统计法律法规的贯彻实施，根据《中华人民共和国统计法》、《中华人民共和国行政监察法》、《中华人民共和国公务员法》、《行政机关公务员处分条例》及其他有关法律、行政法规，制定本规定。

第二条　有统计违法违纪行为的单位中负有责任的领导人员和直接责任人员，以及有统计违法违纪行为的个人，应当承担纪律责任。属于下列人员的（以下统称有关责任人员），由任免机关或者监察机关按照管理权限依法给予处分：

（一）行政机关公务员；

（二）法律、法规授权的具有公共事务管理职能的事业单位中经批准参照《中华人民共和国公务员法》管理的工作人员；

（三）行政机关依法委托的组织中除工勤人员以外的工作人员；

（四）企业、事业单位、社会团体中由行政机关任命的人员。

法律、行政法规、国务院决定和国务院监察机关、国务院人力资源社会保障部门制定的处分规章对统计违法违纪行为的处分另有规定的，从其规定。

第三条　地方、部门以及企业、事业单位、社会团体的领导人员有下列行为之一的，给予记过或者记大过处分；情节较重的，给予降级或者撤职处分；情节严重的，给予开除处分：

（一）自行修改统计资料、编造虚假数据的；

（二）强令、授意本地区、本部门、本单位统计机构、统计人员或者其他有关机构、人员拒报、虚报、瞒报或者篡改统计资料、编造虚假数据的；

（三）对拒绝、抵制篡改统计资料或者对拒绝、抵制编造虚假数据的人员进行打击报复的；

（四）对揭发、检举统计违法违纪行为的人员进行打击报复的。

有前款第（三）项、第（四）项规定行为的，应当从重处分。

第四条　地方、部门以及企业、事业单位、社会团体的领导人员，对本地区、本部门、本单位严重失实的统计数据，应当发现而未发现或者发现后不予纠正，造成不良后果的，给予警告或者记过处分；造成严重后果的，给予记大过或者降级处分；造成特别严重后果的，给予撤职或者开除处分。

第五条　各级人民政府统计机构、有关部门及其工作人员在实施统计调查活动中，有下列行为之一的，对有关责任人员，给予记过或者记大过处分；情节较重的，给予降级或者撤职处分；情节严重的，给予开除处分：

（一）强令、授意统计调查对象虚报、瞒报或者伪造、篡改统计资料的；

（二）参与篡改统计资料、编造虚假数据的。

第六条　各级人民政府统计机构、有关部门及其工作人员在实施统计调查活动中，有下列行为之一的，对有关责任人员，给予警告、记过或者记大过处分；情节较重的，给予降级处分；情节严重的，给予撤职处分：

（一）故意拖延或者拒报统计资料的；

（二）明知统计数据不实，不履行职责调查核实，造成不良后果的。

第七条 统计调查对象中的单位有下列行为之一，情节较重的，对有关责任人员，给予警告、记过或者记大过处分；情节严重的，给予降级或者撤职处分；情节特别严重的，给予开除处分：

（一）虚报、瞒报统计资料的；

（二）伪造、篡改统计资料的；

（三）拒报或者屡次迟报统计资料的；

（四）拒绝提供情况、提供虚假情况或者转移、隐匿、毁弃原始统计记录、统计台账、统计报表以及与统计有关的其他资料的。

第八条 违反国家规定的权限和程序公布统计资料，造成不良后果的，对有关责任人员，给予警告或者记过处分；情节较重的，给予记大过或者降级处分；情节严重的，给予撤职处分。

第九条 有下列行为之一，造成不良后果的，对有关责任人员，给予警告、记过或者记大过处分；情节较重的，给予降级或者撤职处分；情节严重的，给予开除处分：

（一）泄露属于国家秘密的统计资料的；

（二）未经本人同意，泄露统计调查对象个人、家庭资料的；

（三）泄露统计调查中知悉的统计调查对象商业秘密的。

第十条 包庇、纵容统计违法违纪行为的，对有关责任人员，给予记过或者记大过处分；情节较重的，给予降级或者撤职处分；情节严重的，给予开除处分。

第十一条 受到处分的人员对处分决定不服的，依照《中华人民共和国行政监察法》、《中华人民共和国公务员法》、《行政机关公务员处分条例》等有关规定，可以申请复核或者申诉。

第十二条 任免机关、监察机关和人民政府统计机构建立案件移送制度。

任免机关、监察机关查处统计违法违纪案件，认为应当由人民政府统计机构给予行政处罚的，应当将有关案件材料移送人民政府统计机构。人民政府统计机构应当依法及时查处，并将处理结果书面告知任免机关、监察机关。

人民政府统计机构查处统计行政违法案件，认为应当由任免机关或者监察机关给予处分的，应当及时将有关案件材料移送任免机关或者监察机关。任免机关或者监察机关应当依法及时查处，并将处理结果书面告知人民政府统计机构。

第十三条 有统计违法违纪行为，应当给予党纪处分的，移送党的纪律检查机关处理。涉嫌犯罪的，移送司法机关依法追究刑事责任。

第十四条 本规定由监察部、人力资源社会保障部、国家统计局负责解释。

第十五条 本规定自 2009 年 5 月 1 日起施行。

图书在版编目（CIP）数据

统计法一本通：含统计法实施条例 / 法规应用研究中心编. -- 北京：中国法治出版社，2024. 11.

（法律一本通）. -- ISBN 978-7-5216-4709-9

Ⅰ. D922. 291

中国国家版本馆 CIP 数据核字第 20246XZ640 号

责任编辑：黄会丽　　封面设计：杨泽江

统计法一本通：含统计法实施条例

TONGJIFA YIBENTONG：HAN TONGJIFA SHISHI TIAOLI

编者/法规应用研究中心

经销/新华书店

印刷/三河市紫恒印装有限公司

开本/880 毫米×1230 毫米　32 开　　印张/ 5. 625　字数/ 120 千

版次/2024 年 11 月第 1 版　　2024 年 11 月第 1 次印刷

中国法治出版社出版

书号 ISBN 978-7-5216-4709-9　　定价：25. 00 元

北京市西城区西便门西里甲 16 号西便门办公区

邮政编码：100053　　传真：010-63141600

网址：http：//www. zgfzs. com　　编辑部电话：010-63141785

市场营销部电话：010-63141612　　印务部电话：010-63141606

（如有印装质量问题，请与本社印务部联系。）